두려움과 용기 그 사이에서

다시 시작한 공부

두려움과 용기 그 사이에서

다시 시작한 공부

이동찬 지음

휴앤스토리

'학업 포기와 서울대'

언뜻 생각하면 서로 어울리지 않는 단어의 조합이지만, 이는 모두 제 과거와 현재 일부를 이루는 단어입니다. 이처럼 다소 호기심을 자아낼 수도 있는 상황으로 인해 저의 공부 이야기를 책으로 내보자는 제안을 여러 차례 받았었습니다. 하지만 그런 제안을 받을 때마다 어떤 이야기를 어떻게 풀어나가야 할지 몰랐기에 정중히 거절해 왔습니다.

지난여름 코로나가 끝나갈 무렵 우연히 들린 식당에서 예전에 나왔던 티브이 프로그램 재방송을 보게 되었습니다. 자장면 가게가 밀집한 인천 차이나타운에서 '자장면 맛'만으로 수십 곳 중 어느 가게의 자장면인지 정확하게 알아맞히는 달인이 나오는 프로그램이었습니다. 그때 식당 안의 누군가가 자녀에게 '저 장인이 얼마나 노력했을지'에 대해 장황하게 설명하며 '노력에 대한 동기 부여'를 하는 것을 보고 순간 의아한 생각이 들었습니다. 제 생각에 저 달인이 보여주는 놀라운 능력의 핵심은 노력이 아니라고 생각했기 때문입니다. 물론 엄청난 노력이 당연히 있었겠지만, 그 노력의 한계치를 극복한다고 해서 수십 곳의 자장면을 오로지 '자장면 맛'으로 구분할 수 있을 것 같지는 않았습니다. 제 생각에는 자장면 맛을 '단맛, 짠맛, 쓴맛, 감칠맛' 등 몇 가지 맛 요소로 분류한 다음, 각각의 맛에 1부터 5까지의 수치를 부여해서 여러 자장면의 맛을 디지털화한 것 같았습니다. 그렇게 되면 A라는 가게의 자장면은 단맛:짠맛:쓴맛:감칠맛 = 2:3:2:5, B라는 가게의 자장면은 5:2:3:1과 같이 데이터화할 수 있고, 이렇게 한다면 서로 맛이 비슷할지라도 꾸준한 노력으로 충분히 '자장면'들을 구분할 수 있지 않을까 생각했습니다. 이처럼 기본적인 노력에 효율적인 방법과 노하우가 가미된다면 마술처럼 보이는 일도 가능해지는 것 아닐까요?

좀 엉뚱하지만, 이 책을 쓰게 된 이유도 비슷합니다. 공부에는 당연히 상당한 노력과 집중력이 필요합니다. 다만 학생들에게 공부법을 제시할 때, 평균적인 노력과 상식적인 집중력을 넘어서서 과도한 노력과 초인적인 집중력을 요구하는 것은 다소 문제가 있지 않을까 생각합니다. 저 스스로 중학교 2학년 때부터 수년간 학습 부진을 겪다가 결국 공부 자체를 포기했던 경험이 있었기 때문에, 이런 방법적인 문제에 더욱 관심을 갖게 되었는지도 모르겠습니다.

저는 성인이 된 후 여러 일을 계기로 공부의 어려움으로부터 서서히 벗어날 수 있었습니다. 그중 하나는 '배우는 방법을 배울 수 있다'는 것을 알게 된 것입니다. 어떻게 보면 말장난 같은 이 깨달음은 저를 필생의 업인 교육학(저는 사범대를 졸업했고, 지금도 교육학 박사과정에서 공부하고 있습니다.)의 길로 이끌었고, 변호사로 살아가는 지금까지도 교육에 대한 고민을 이어갈 수 있게 해 준 것 같습니다. 또 다른 계기는 제가 꿈을 잃지 않고 있다는 것을 발견한 것입니다. 인생의 주인공으로 살고 싶었고 제 삶을 스스로 설계하고 싶었기에, 늦은 나이에 공부라는 바다에 다시 뛰어들 용기를 가질 수 있었습니다.

이 책은 저의 성장 스토리입니다.

10대, 20대도 아닌 중년의 나이에 성장 스토리라니 '이게 뭔가'하고 의아해하실지도 모르겠지만, 오히려 이 나이에 이르고 보니 과거의 저 자신을 더욱 객관적으로 바라볼 수 있는 여유가 생긴 것 같습니다. 그래서 성장통으로 한참 힘들어하던 10대와 20대의 저를 떠올리며, 그때의 이야기를 책으로 엮게 되었습니다.

또한, 이 책은 공부에 대한 저의 제안입니다.

저는 나름대로 한계를 극복하며 몇 가지 작은 도전에서 성공했습니다. 중고등학생 시절에는 학교와 공부에 적응하지 못하고 학업을 포기했었습니다. 하지만 성인이 된 후 나름의 공부법을 적용하여 스물아홉에 서울대학교에 합격하였고, 4년 뒤 수석[1]으로 졸업할 수 있었습니다. 지금은 로스쿨을 거쳐 변호사로 활동하며, 대학원에서 계속 학업과 연구 활동을 이어가고 있습니다.

제게 어떤 특별한 계기나 깨달음이 있어서 공부법을 한 번에 발견하고 정리한 것은 아닙니다. 성인이 된 후 수능 시험을 준비하고 대학교에서 여러 전공과목 수업을 들으며 시험과 어려운 도전에 마주칠 때마다 고민하고 생각하며 '방법을 찾아보자'라는 마음으로 저만의 공부법을 조금씩 발전시켜 왔습니다. 그래서 저의 공부법을 '이것이다' 한마디로 제시하기란 쉽지 않았습니다. 오히려 제가 어떻게 수능을 준비하였고 대학교와 대학원에서는 또 어떻게 공부했었는지 있는 그대로 보여주는 것이 더 도움이 되지 않을까 생각했습니다. 이런 이유로 조금은 긴 저의 과거 이야기를 공부법과 함께 소개해 드리게 되었습니다.

이 책을 쓰기로 결심했을 때, 수많은 공부법이 난무하는 우리나라에 또 하나의 혼란만 더하는 것이 아닌가 걱정되기도 했습니다. 이런 마음은 이 책에 대한 무거운 책임감을 저에게 지워주었고, 그

---

1 서울대학교는 전체 수석 졸업생은 선발하지 않고, 단과 대학별로 한 명씩 수석 졸업생을 선정하여 최우수상을 수여합니다. 저는 2004년도 서울대학교 사범대학 최우수상을 받았습니다.

책임감에 부응하고자 유튜브 채널 '어쩌다 멘토!, 이동찬'을 시작하게 되었습니다. 어색하지만 용기를 내보았습니다. 이 채널을 통해서 이 책과 관련하여 더 자세한 설명을 해 드리고, 더 많은 질문에 답할 수 있는 공간으로 이어가도록 하겠습니다.

원고를 쓰기 시작할 무렵, 우리가 살고 있는 이 대륙의 서쪽에서 전쟁이 시작되었다는 소식이 들려왔습니다. 그런데 원고를 마무리한 지금까지도 전쟁이 계속되고 있다는 소식에 마음이 너무 아픕니다. 과거에는 신문으로만 접하던 비극을 이제는 방송과 뉴스로 자세히 볼 수 있게 되면서 아픔이 더욱 생생하게 다가오는 것 같습니다. 하루라도 빨리 전쟁이 끝나고, 모든 사람이 그 피해를 잘 극복했으면 좋겠습니다. 모두를 위해 기도드리며 서문을 대신하겠습니다.

2023. 7.

서울 정동 사무실에서

| 목차 |

제2장 · 긴 항해의 시작

제3장 · 새로운 바다, 새로운 항로

2부 공부, 그 생각을 바꿔라: 발상 전환 공부법

1부

공부와 나

제1장
학교에서 길을 잃다

구구단 못 외우는 아이

"와, 서울대 수석 졸업! 변호사님, 정말 공부 잘하셨나 봐요."

변호사가 된 뒤 영업 차원에서 명함에 이력을 조금 적어놓았는데, 이를 본 의뢰인들로부터 이처럼 오해 섞인 말을 가끔 듣곤 한다. 그래, 분명 오해다. 중고등학교 시절 그토록 공부 잘하는 모범생이고 싶었지만, 제대로 공부다운 공부를 해보지도 못한 채 아쉬움 속에서 스무 살을 맞이해야 했다. 마음 한편에 '왜 안 될까….' 하는 깊고 큰 의문만 가진 채.

한글 배우기

내가 초등학교에 입학하던 시절에는, 유치원을 다닌 아이가 한 반에 한두 명 있을까 말까 했다. 우리들 대부분 영어는 고사하고 한글조차 제대로 알지 못한 채 초등학교에 입학했다. 당시는 초등학교에 입학한 다음에 한글 '가나다라' 읽고 쓰기와 덧셈, 뺄셈을 배우는 것이 당연하게 여겨지던 시절이다. 가만 생각해 보면, 지금도 이것이 당연하게 여겨져야 할 것 같긴 하다.

초등학교 1학년 때부터 한글 읽고 쓰기를 배우기 시작했는지 아니면 2학년 진학 후부터였는지 정확히 기억나진 않지만, 우리는 그 누구도 한글을 '공부한다'라고 생각하지는 않았던 것 같다. 선생님이 "기역~ 니은~ 디귿~"하고 읽어 주시면, 우리도 "기역~ 니은~ 디귿~"하고 소리 내어 따라 읽곤 했다. 이렇게 학교에서 한글을 배우기는 했지만, 수업이 끝나고 나면 아무도 책을 다시 펼쳐서 복습한다거나 하지는 않았다. 비단 한글뿐만 아니라 다른 과목들도 모두 그랬다. 물론 귀찮은 숙제가 있긴 했지만, 수업이 끝나면 다 같이 책을 덮고 열심히 노는데 집중했었다.

초등학교 2학년, 혹은 3학년 때였던 것 같다. 그때 우리 반 친구들의 한글 실력은 비슷했다. 비단 한글뿐 아니라 다른 교과들도 대부분 비슷한 실력이었을 것이다. 아무도 방과 후에 따로 공부하지 않았으니 당연한 일이다. 선생님께서도 성적에 크게 신경 쓰지 않으셨다. 다만 일주일에 두세 번가량 받아쓰기 시험을 쳐서, 철자나 띄어쓰기, 맞춤법 같은 내용을 틀리면 방과 후에 남아 '쓰기 연습'을 해야 했다. 연습 내용은 기억나지 않지만, 난 매번 늦은 시간까지 교실을 지켰던 기억은 아직도 남아 있다. 그때는 창피하고 민망한 감정과 부모님에게 들키고 싶지 않다는 마음이 함께했었던 것 같다. 한글을 남보다 좀 더 느리게 익혔던 기억. 그래도 이 정도는 초등학교 시절 누구라도 하나씩은 가지고 있는 작은 에피소드일지도 모르겠다.

아니 어떻게 구구단을 못 외워?

공부에 대한 첫 기억은 초등학교 5학년 때의 일이다. 타지에서 대학에 다니며 방학이면 집에 오곤 했던 8살 많은 둘째 누나가 오랜만에 집에 와서는 우연히 학교에서 내가 받아온 수학 문제지를 보았던 것이다. 당시에는 문제지에 답을 쓰면 선생님이 직접 채점한 후 우측 상단에 빨간펜으로 점수를 적어 주셨다. 둘째 누나는 내 수학 문제지(정확히는 거기에 적힌 점수)를 보며 이상하다는 눈빛으로 나를 다그쳤다.

"동찬아, 너 구구단 7단 외워봐~!"

그랬다. 초등학교 5학년이었던 그때까지도 난 구구단을 제대로 외우지 못했는데, 그걸 가족에게 처음으로 들킨 것이다!

구구단도 한글과 비슷한 시기에 배웠다. 그런데 한글은 곧바로 실력이 드러났던 반면, 구구단은 제대로 외우지 못해도 티가 잘 나지 않았던 것 같다. 왜 그랬는지 모르지만, 한글 받아쓰기 시험은 자주 있었고 여기에서 좋은 점수를 받지 못하면 방과 후에 따로 남아서 특훈(?)을 받았던 것과 달리, 구구단 평가는 한글에 비해 느슨했던 것 같다. 구구단 때문에 방과 후까지 교실에 남았던 기억이 없는 걸 보면 말이다. 덧셈, 뺄셈, 곱셈 시험은 항상 있었고, 구구단을 모두 외우진 못해도 중간중간 아는 것들도 시험에 나왔기에 그럭저럭 중간 정도 점수는 받았던 것 같다. 그래서 난 그저 공부에 별 흥미가 없는 아이로 여겨질 뿐, 구구단을 못 외운다는 것을 남에게 들키진 않았던 것 같다. 그런데 그날 둘째 누나가 내 수학 점수가 유난히 좋지 않았던 이유를 살펴보다가, 내가 구구단을 못 외우고 있다는 것을 발견하였던 것이다.

사실 여기에는 나름대로 변명거리가 있긴 하다. 내가 초등학교에 입학할 무렵, 누나들은 고등학교, 또는 중학교 수험생들이었기에 공부와 관련해서 난 집에서 항상 부모님의 관심에서 벗어나 있을 수밖에 없었다. 그리고 누나들은 공부를 곧잘 하는 모범생들이었다. 어머니께서도 누나들에게 공부하라는 말을 한 번도 해본 적이 없다고 하셨다. 물론 100% 거짓말이라는 것은 알고 있다. 하지만 비록 거짓말일지라도 어머니의 말씀 안에 담긴 '공부는 따로 다그치지 않아도 알아서 하는 것'이라는 소신만큼은 진심이었던 같다.

알아서 공부하고 누가 가르치거나 간섭하지 않아도 100점짜리 답안지를 가져오길 기대하는 부모님 앞에서, 난 매번 시험을 치를 때마다 '어떻게 성적표를 숨기지?' 고민해야 했다. 그리고 성적표를 받아 든 날에는 책가방에 고이 넣은 채 일부러 먼 길을 돌아 천천히 집으로 가곤 했다. 초등학교 시절 무엇을 어떻게 해야 하는지 몰랐지만, 이를 물어보기도 어려웠다. 그때는 다만 성적표를 들키지 않는 것이 중요했고, 내가 구구단을 제대로 외우지 못한다는 것을 숨기는 것이 중요했을 뿐이다.

지금도 그렇지만 당시에도 나는 외우는 것을 잘 못했다. 아마 시간을 충분히 주었다면 나도 읽고 쓰기를 틀리지 않고 구구단도 제대로 외웠을 것 같긴 하다. 하지만 그때는 느린 학생을 특별히 기다려주지는 않았다. 그렇게 둘째 누나에게 들키기 전까지 난 구구단을 제대로 외우지 못한 채로 학교에 다녔고, 그해 여름방학 태어나서 처음으로 '의도적인' 공부를 하게 되었다. 둘째 누나 앞에서 두 손 모으고 얌전히 앉아 구구단을 처음부터 다시 외워야 했던 것이다. 당시 대학생이던 누나에게 초등학생이었던 난 감히 반항할 수 없었다. 누나가 "2×1은 2, 2×2는 4, 2×3은 6…"이라고 불러주면, 나도 "2×1은 2, 2×2는 4, 2×3은 6…"이라고 따라 하며 공부했다. 첫째 날은 3단까지 배웠고, 둘째 날은 2단과 3단을 복습한 후에 4단과 5단을 배웠다. 그런 식으로 마지막 날에는 2단에서 9단까지 누나 앞에서 암송해야 했다. 이것이 내가 태어나서 처음으로 경험했던 '의도적인 공부' 또는 '의도적인 학습'이었다.

안락초등학교 6학년 3반

"태산이 높다 하되 하늘 아래 뫼이로다.
오르고 또 오르면 못 오를 리 없건마는
사람이 제 아니 오르고 산만 높다 하더라."

초등학교 6학년 때, 아주 특별하고 소중한 인연을 만나게 되었다. 성함은 잘 기억나지 않는데, 흰 머리에 등이 조금 굽어 있던 우리 담임 선생님. 담임 선생님은 아주 유명하신 분이셨다. 60세를 훨씬 넘기셨고 그해 청와대에 가셔서 대통령상도 받으셨던 것으로 기억한다. 아마 우리 반을 마지막으로 정년퇴임을 하셨던 것 같다. 교실에서 가끔 벼루에 먹을 갈아 글도 쓰시고 멋지게 난도 치시던 선생님께는 조금 특이한 점이 하나 있었다. 그건 바로 유난히 시조를 좋아하셨다는 것이다. 문제는 그 좋아하는 시조를 우리에게도 강조(?)하셨다는 점에 있었다.

'1일 1시조'라고 해서, 우리 반(6학년 3반, 내가 유일하게 외우는 반 숫자다.) 친구들은 매일 아침 시조를 한 편씩 외워야 했다. 먼저 선생님께서 칠판에 시조를 쓰면 우리는 한목소리로 따라 읽었다. 반 친구들이 다 같이 큰 소리로 10번 정도 읽고 나면, 그다음에는 칠판에서 시조를 지우고 다 같이 암송했다. 혼자 하면 못 외웠을 수도 있지만, 내가 기억나지 않는 부분을 다른 친구 누군가는 기억하고 있었기에 다 같이 힘을 합쳐 10번 정도 암송하다 보면 우리는 모두 시조 한 편을 근사하게 외울 수 있게 되었다. 하지만 여기서 끝이 아니었다. 그다음에는 처음부터 배운 시조를 순서대로 암송했다. 복습인 것이다.

"태산이 높다 하되, 하늘 아래 뫼이로다…"

"이런들 어떠하리, 저런들 어떠하리…"

"이 몸이 죽고 죽어, 일백 번 고쳐 죽어…"

날이 갈수록 우리가 외우는 시조는 점점 늘어갔고, 졸업 직전이 되자 우리 모두 100편이 넘는 시조를 줄줄이 암송할 수 있게 되었다. 실로 놀라운 일이 아닐 수 없었다. 매일 매일 다양한 방법으로 암송시키셨는데, 핵심은 '처음부터 끝까지 보지 않고 외우기'였다. 한 명 한 명 이어서 암송하게도 하고 분단마다 돌아가며 암송하게도 하셨다. 그때는 신기하게도 그것이 전혀 힘들지 않았고 심지어 재미있기까지 했다. 우리 반 친구들은 소리 높여 시조를 외웠고, 중간에 잠시 끊기기라도 하면 서로 경쟁하듯이 큰 소리로 끊어진 시조를 이어가곤 했다. 우리에게 있어 시조 암송은 다 같이 즐기는 작은 놀이 같았다. 〈태산가〉는 처음으로 배웠던 시조였던 것으로 기억하는데, 아직도 글자 하나 틀리지 않고 외우고 있다.

그때 우리가 암송했던 시조 암기법은 구구단의 암기 방법과 상당히 유사했다. 이와 같은 암기 방식을 어떤 사람은 '피라미드 암기법'이라 부르고 어떤 사람은 '중첩식 암기법' 또는 '누적 반복 암기법'이라고 하기도 한다는데, 이 책에서는 '구구단식 암기법'이라 부르겠다. 그런데 그때는 몰랐다. 이 암기 방법이 내 삶에 그토록 큰 영향을 미치게 될 줄은….

중학교 입학과 작은 기적

"진실로 원하고 꿈꾸면, 반드시 이루어진다."

– 조셉 머피

초등학교를 졸업할 무렵, 세상은 사람들이 한 번도 가본 적 없는 새로운 세계로 향해 가고 있었다.

'스티브 잡스'를 기억하는가? MZ세대에게는 '아이폰'으로 기억되는 그 이름. 그러나 1980~90년대의 스티브 잡스는 전혀 다른 모습으로 기억되고 있다. 그것은 바로 '애플 2'이다. 스티브 잡스는 친구인 스티븐 워즈니악과 함께 자신의 아버지 집 차고를 개조해서 그 유명한 '애플'사를 창립했다. 그리고 그 차고에서 '애플 2'란 이름을 가진 세계 최초의 개인용 컴퓨터(PC: Personal Computer)를 만들어 세상에 내놓았다. 어떤 이유에서였는지는 모르겠지만 당시에 설계도가 공개되어 있었고 딱히 특허도 주장하지 않았기에, 누구나 그것과 호환되는 컴퓨터를 만들어 시장에서 팔 수 있었다. 우리나라에서도 '효성 컴퓨터', '삼보 트라이젬' 등 여러 가지 애플 2 호환 제품이 생산되었다. 문제는 가격이었다. 당시에 애플 2 호환 컴퓨터는 대략 30~40만 원가량 했던 것으로 기억하는데, 이는 초등학생이 꿈꾸기엔 너무 고가의 제품이었다.

당시 애플 2와는 좀 다른 CPU를 사용하는 'MSX 호환 제품군'도 있었는데 가격이 조금 더 저렴했다. 하지만 난 애플 2의 그 매력적인 스토리, 정확히는 스티브 잡스의 스토리에 매료되어 다른 건 눈에 들어오지 않았다.

중학교 입학식 전 시간이 남아돌던 때, 난 친구들과 매일 컴퓨터 잡지를 사서 돌려보았다. 당시에 컴퓨터 잡지를 사면 부록으로 키보드 모양의 종이 브로마이드를 주었는데, 친구들과 그 종이 키보드를 두드리며 마치 진짜 컴퓨터를 사용하는 것처럼 진지하게 미래를 상상하곤 했다. 그리고 그런 상상은 곧 '나도 진짜 컴퓨터를 가지고 싶다….'라는 소망과 열정으로 진화하였다. 태어나 처음 가져보는 열정은 태어나 처음으로 큰 용기도 함께 주었다.

누나~! 나 컴퓨터 좀 사 줘~

"누나~! 나 컴퓨터 좀 사 줘~!"

그때 난 학교를 마치면 집 근처에 있던 큰누나의 약국에서 놀곤 했는데, 그날 앞뒤 맥락도 없이 갑자기 큰누나에게 컴퓨터를 사 달라고 말했다. 그러자 큰누나는 잠시 생각하다가 한 가지 제안을 했다.

"네가 중학교에서 전교 1등을 하면~!"

'야호~! 됐다~!'

코끼리를 냉장고에 넣는 방법은 찾았다. 이제는 코끼리가 들어갈 만큼 큰 냉장고를 만들거나, 아니면 냉장고에 들어갈 만큼 작은 코끼리를 찾기만 하면 되는 것이다.

애플 2를 손에 쥘 방법은 찾았다. 이제 전교 1등만 하면 되는 것이다. 그 용기가 어디서 나왔는지 지금도 모르겠다. 비록 성적은 좋지 않았지만 내 마음속에는 이미 컴퓨터가 들어와 있었다. 그날부터 매일 종이 컴퓨터만 두드리고, 종이 컴퓨터를 베고 자고, 하루 종일 컴퓨터 생각만 하고 지냈다. 물론 공부는 하지 않았다.

'공부? 그게 뭔데?'

내 인생 첫 기적

초등학교를 졸업하고 나서 부산의 모 중학교에 배정받았다. 그리고 입학을 앞두고 배치고사를 보게 되었다. 입학 전 학생들의 학력을 평가하여, 각 학급에 성적별로 골고루 배치하려는 목적으로 치러지는 시험이었다. 보통 배치고사는 초등학교 6학년 교과를 기준으로 '국어-수학-사회-과학' 4과목을 치렀다.

컴퓨터를 얻기 위해서는 전교 1등을 해야 했는데, 국어와 수학은 읽고 쓰거나 계산만 하면 되니 어떻게든 되겠구나 싶었고, 과학은 유일하게 좋아하는 과목이었기에 어느 정도 자신이 있었다. 문제는 사회였다. 사회는 반에서 중간도 못 가던 과목으로, 사람 이름이나 도시 이름을 하나도 제대로 외우지 못했다. 도대체 이런 걸 외워서 어디에 쓴단 말인가? 여담으로 15년 후 난 서울대학교에서 사회와 지리를 전공했다. 세상일 참 모르는 거다.

사회 과목이 마음에 걸리긴 했지만 큰 걱정 없이, 물론 준비도 없이 시험장으로 들어갔다. 정말이다. 단 하나도 걱정하지 않았다. 그리고 의심하지도 않았다. 내가 1등 할 것이라고. 그리고 거기서 내 인생 첫 기적을 경험했다. 지금도 이유를 모르는데, 내가 입학했던 해의 중학교 배치고사에서는 '사회 과목' 시험이 없었다(이건 정말로 이례적인 일이다!). '국어-수학-과학' 세 과목의 객관식 문제들로만 시험을 봤고, 태어나서 처음으로 전 과목 만점을 받았다. 초등학교 때 나를 알던 모든 친구가 이해하지 못했고 나 또한 이해하지 못했으나, 분명한 건 내가 배치고사에서 1등을 했고 중학교 입학식에서 학생 대표로 선배들에게 인사말을 낭독하게 되었다는 것이다. 그러나 이런 것들은 그리 중요하지 않았다. 중요한 것은 두 달 넘게 꿈에 그리던 컴퓨터를 드디어 손에 넣을 수 있었다는 것이다.

한참 시간이 흘러 어른이 된 후, 진실로 꿈꾸면 이루어진다는 부류의 책들을 보게 되었는데, 내 인생에서도 적어도 한 번은 꿈꾸던 기적이 이루어진 셈이다. 그때 난 내가 컴퓨터를 가지게 될 거라는 점을 한 번도 의심해 본 적이 없었던 것 같다. 비록 종이지만 매일 키보드를 두드리고, 가끔은 꿈속에서 컴퓨터를 치다 잠에서 깨면 '아, 꿈이지. 혹시 이대로 눈뜨면 컴퓨터가 있지 않을까?' 생각하며, 꿈에서 느껴지던 그 느낌을 잃어버리기 싫어서 계속 눈을 감고 누워 있기도 했다. 공부나 전교 1등에는 관심도 없었다. 다른 것에는 단 한순간도 에너지를 뺏기고 싶지 않았다. 모든 관심과 에너지는 오로지 애플 2를 안고 있는 나 자신을 꿈꾸는 것에 집중했다. 그리고 마침내 그 꿈은 이루어졌다. 비록 국내회사가 만든 애플 2 복제 호환 기종이었지만, 그건 아무 문제 되지 않았다.

지금도 난 한 가지 믿음을 가지고 있다. 내가 정말로 원하는 건 반드시 이루어진다. 아직 이루어지지 않은 것은 아마 둘 중 하나일 것이다. 내가 원하는 것이 뭔지 스스로 잘 모르거나, 아니면 이미 이루어진 것을 스스로 모르고 있거나.

그냥 외워~!

머리를 짧게 깎고 중학교에 입학했다. 총 열한 개 반 중에서 11반이었다. 입학할 때 배치고사 만점이 두 명 있었는데, 나 말고 다른 한 명이 승모(가명)라는 친구였다. 내가 생일이 늦어 11반에 배정되었고, 승모가 10반에 배정되었다고 들었다. 그리고 우리 11반 담임 선생님은 1학년 주임 선생님이기도 하셨다. 우리 담임 선생님은 교감 선생님보다 나이가 많으셨는데, 학생을 직접 가르치고 싶어서 승진도 마다하고 평교사로 계시는 분이셨다. 당연히 학생들 성적에 관심이 아주 많으셨고, 11반이 성적이 가장 우수한 반이 되기를 간절히 원하셨다.

비참했던 첫 월말고사

중학교에서는 매달 시험을 쳤다. 월말고사, 그리고 매 학기 중간고사와 기말고사까지 일 년에 시험만 10번가량 봐야 했다. 그런데 첫 월말고사에서 우리 반이 꼴찌(또는 그 가까운)를 했던 것으로 기억한다. 그리고 나 또한 성적이 좋지 못했다. 담임 선생님은 마치 속았다는 듯한 표정으로 내 성적표와 나를 번갈아 보셨다.

그리고 두 번째 월말고사. 우리 반은 또 꼴찌를 했고, 내 성적은 더욱 떨어졌다. 담임 선생님은 처음으로 매를 드셨고, 난 속으로 깊이 생각했다. '공부해야겠구나.'

그냥 외워~!

'그런데 공부는 어떻게 하는 거지?'

막상 공부하려니 막막했다. 공부를 어떻게 해야 하는지 한 번도 생각해 본 적이 없었다. 공부라는 것을 해본 기억 자체가 없으니 당연한 일이었다. 그래서 집에 와서 큰누나에게 물어보았다.

"누나, 공부는 어떻게 해야 돼?"

"공부? 넌 어떻게 하는데?"

"그냥 수업 듣고, 공책 읽고, 이해하고 문제 풀고… 근데 시험장에서 기억이 잘 안 나…."

"그래? 기억이 안 나? 그럼 그냥 외우면 되겠네~!"

정말 단순하지만 명쾌하지 않은가! 기억나지 않으면 외워라~! 그날부터 난 학교 수업을 모두 외우기 시작했다.

그때까지 내가 알고 있던 암기 방식은 '구구단 외우기'와 '시조 외우기'가 전부였다. 소위 '구구단식 암기법' 말이다. 그래서 난 구구단과 시조 외우듯이 학교 수업 내용을 외우기 시작했다. 1학년 초에 그 효과는 대단했고, 성적은 수직 상승하기 시작했다. 난 이 방식이 학습의 정도(正道)라는 데 대해 일말의 의문도 가지지 않았다.

나는 학교에서 수업을 마치면, 교과서와 선생님이 칠판에 필기해 주신 내용을 입으로 줄줄이 외웠다. 외운 다음에는 책을 덮고 나서 반복해서 암송했고, 다 외웠으면 첫날부터 오늘 공부한 것까지 다시 반복해서 암송했다. 외우고, 외우고 또 외웠다. 음악도 외우고, 수학도 외우고, 체육도 외웠다. 교과서도 외우고, 공책도 외우고, 문제집도 외웠다. 그때 우리 학년 사회 선생님이 두 분이셨는데, 다른 선생님이 가르치시는 반의 공책을 빌려서 그것까지 외웠다. 그렇게 외워대니 시험장에서 문제를 푸는 데 걸리는 시간은 5분이었고, 나머지 40분은 누워 자기만 했다. 그리고 언제나 성적은 전교 3등이었다.

전교 1등은 언제나 10반 승모였다. 이 녀석은 도저히 이길 수 없었다. 그리고 2등은 매번 바뀌었다. 매번 다크호스가 나타났다. 그리고 난 항상 3등이었다. 영화 〈넘버 3〉처럼….

2등도 아니고 3등이라는 것이 자존심을 상하게 했다. 그리고 승모는 언제나 나에게 왕성한 승부욕을 일으켰다. 그래서 더욱더 가열차게 외워댔다. 그런데 이런 방식의 공부법은 결국 한계가 있었다. 1학년 2학기 가을 무렵이 되니, 모든 과목의 내용을 처음부터 암송하며 복습하는 데만 10시간가량 걸렸다. 이틀에 나누어 복습해도 5시간씩 걸리고, 새로 암기해야 할 것들도 매일 쏟아지다 보니, 도저히 버틸 수가 없었다.

더 큰 문제는 이제 겨우 중학교 1학년이라는 것이었다. 고등학교를 졸업하고 대학교에 갈 때까지 이런 식으로 외우다 보면 나중엔 한 번 복습하는 데만 3개월이 걸릴 것 같았다. 그래도 그땐 그게 정상이라 생각했다. 전국의 모든 수험생이 비슷한 방식으로 공부하고 있을 것으로 생각했고, 그것을 버텨낸 사람만이 원하는 대학교에 갈 수 있는 것이라고 믿고 있었다. 그러다 보니 앞으로 내가 얼마나 버틸 수 있을지 정말 걱정되기 시작했다.

구구단식 암기법과 영어 단어

중학교 1학년 때 암기와 암송을 반복했던 것은 아마도 '나의 기억력' 그리고 '기억과 관련된 나의 경험'과 관련이 있지 않았을까 생각된다.

'구구단식 암기법'은 방법적인 면에서 그리 특별한 게 아니었다. 당시 학생들이 흔히 하던 공부법이었고 학교 선생님들께서 권유하기도 하셨으니까. 문제는 구구단식 암기법을 필요한 부분에 부분적으로 사용하거나 강약을 조절해 가며 암기해야 하는데 나는 모든 과목을 마치 초등학교 때 시조를 외우던 방식으로 중요한 것과 중요하지 않은 것을 구분하지 않고 매일 매일 '처음부터 끝까지 암송하듯' 누적 복습해 나갔다는 데 있었다.

그때 사실 나는 암기한 것을 계속 기억하는 데 다소 어려움을 겪고 있었던 것 같다. 특히 영어가 문제였는데 꾸준히 외워도 시간이 지나면 얼마 전에 외웠던 단어를 자꾸 잊어버리곤 했었다. 수업 시간에 독해하다가 보면 지난달에 외웠던 단어의 뜻이 기억나지 않곤 했는데 이것이 나에게는 큰 걱정거리였다. 초등학교 때 외웠던 구구단과 시조들은 기억나는데 중학교에 올라와서 외운 영어 단어는 자꾸 잊어버리니 불안했던 것 같다. 그리고 나보다 성적이 좋지 않던 친구들보다 영어 단어를 더 빨리 잊어버리는 데 대해 자존심이 상하기도 했다. 이것은 단순히 한글을 늦게 배운다거나 구구단을 제대로 외우지 못하는 것과는 다른 차원의 문제였다. 인생에서 처음으로 담임 선생님과 친구들로부터 예상치 못한 큰 관심을 받고 있었고 매달 시험 성적을 통해 이에 부응해야만 하는 상황이었기 때문에, 영어 단어를 나만 자꾸 잊어버린다는 것은 보통 심각한 문제가 아닐 수 없었다.

내가 과거에 외웠던 것들을 생각해 보면 한번 외운 것은 절대 잊지 않는 게 정상 같았다. 한글과 구구단이 그랬으며 시조 암기도 그랬으니까. 영어 단어 역시 이와 같은 방식으로 암기하는 것이 정답으로 보였다. 그래서 영어와 관련된 모든 것들, 단어와 문장 그리고 교과서와 문법책까지 모두 구구단 외우듯이 암송해나갔다. 강약을 두거나 중요한 것만 암송하는 것이 아니라, 그동안 배워온 모든 것을 암송하는 식이었다. 지난달에 배운 영어 단어 중 일부를 기억하지 못한다는 것은, 오늘 배운 영어 문법 중 일부는 다음 달에 기억나지 않을 수 있다는 것을 의미했다. 그런데 무엇이 기억에 남고 무엇이 그렇지 않을지 어떻게 짐작할 수 있겠는가. 그렇다고 영어를 ABC부터 배우는 상황에서 무엇이 중요하고 무엇이 중요하지 않은지는 또 어떻게 알겠는가. 그러니 결국 '모든 것을 있는 그대로, 처음부터 끝까지' 구구단 외우듯 암송할 수밖에 없었다. 처음 배웠던

'I'라는 단어부터 오늘 새로 배운 것까지 모두.

그리고 이런 방식으로 공부한 지 며칠 안 되었는데 성과가 나오자 놀란 나는 결국 모든 과목을 동일한 방식으로 암기해나가기 시작했던 것이다. 처음 배운 것부터 오늘 새로 배운 것까지 구구단 외우듯 암송하기. 그렇게 난 외운 것을 잊어버리기 전에 모든 과목을 암송하고 복습하기를 반복하였다. 그런데 그때는 그걸 몰랐다. 독이 깨졌으면 깨진 부분부터 먼저 잘 메우고 나서 물을 부어야 하는데, 난 그저 물이 빠지기 전에 새롭게 물을 붓는 데만 노력을 기울이고 있었다는 것을 말이다. 독에 작은 실금이 가 있다는 것을 알지도 못한 채.

잃어버린 구슬 주머니

"웬디, 그 구슬이 아니야, 내 구슬 주머니를 찾아 줘…."

– 영화 〈피터팬〉 중

오래전 영화 〈피터팬〉이 생각난다. 피터팬은 오랜만에 할머니가 된 웬디를 찾아왔다. 그리고 웬디에게 다시 한번 네버랜드로의 여행을 권하지만, 이제 할머니가 된 웬디는 함께 떠날 수 없었다. 어른이 되어 더는 날 수 없게 된 웬디의 현실이 왠지 잔혹 동화 같아서 슬픈 느낌이 들었던 기억이 난다. 그리고 그 영화에서 웬디보다 더 기억에 남는 배우가 있었다. 이름은 기억나지 않는데, 치매에 걸린 노인 역할이었고 웬디가 동생처럼 보살피고 있었다. 이 노인은 예전에 네버랜드에서 피터팬과 함께 살던 고아였는데, 피터팬이 후크 선장을 물리치고 웬디가 집으로 돌아온 후, 피터팬을 따라가지 않고 웬디의 집에 남아 그녀의 보살핌을 받으며 성인이 되었고 시간의 흐름 속에서 어느새 노인이 되어 있었다. 영화에서 그는 치매에 걸린 채 틈만 나면 아이처럼 사람들에게 "내 주머니, 구슬이 담긴 내 주머니를 찾아줘~"라는 말을 반복했다. 모두 치매 걸린 노인의 이야기는 귀 기울이지 않았고, 그를 친동생처럼 친절하게 보살

피던 웬디조차 그의 구슬 주머니 이야기는 믿지 않았다.

그런데 영화의 마지막에 피터팬이 이 노인에게 "왜 이걸 두고 갔어?"라며 구슬이 담긴 주머니를 건네주었다. 그제야 노인은 '잃어버린 장난감을 찾았다'고 기뻐하며, 구슬 주머니에서 마법 가루를 꺼내어 자기 몸에 뿌린 후, 피터팬과 함께 다시 네버랜드로 여행을 떠나며 영화가 끝났다.

젠장, 기억이 나지 않아, 아무것도

중학교 1학년 겨울방학 때 심한 감기를 앓았다. 그 핑계로 한동안 공부를 등한시하다가, 한 달 후 다시 책상에 앉아 1학년 때 보았던 책들을 외워보았다. 그런데 놀랍게도 아니, 사실은 당연하게도 잘 기억나지 않았다. 띄엄띄엄 기억은 나는데, 구구단 외우듯이 시조 외우듯이 암송이 되지 않는 것이었다. 지금 생각해 보면 당연한 일이지만, 그때 난 당황했고 몹시 겁났다. 학기 중에 외웠던 영어 단어와 수학 공식이 가물거렸다. 확실히 알고 있는 것과 잘 모르는 것의 경계가 흐릿했고, 어디부터 어디까지가 기억에 남아있는지 알 수도 없었다. 그토록 집요하게 암송한 내용 가운데 제대로 기억나는 것이 별로 없다는 사실이 나를 절망으로 밀어 넣었다.

중학교 2학년에 올라갔지만 내 머릿속에는 한 가지 생각밖에 없었다. '1학년 때 배운 것들을 복습해야 하는데… 처음부터 다시….'

마치 〈피터팬〉영화에서 노인이 잃어버린 구슬 주머니를 찾듯, 나는 1학년 교과목의 '잃어버린 기억들'을 찾아 헤맸다.

그런 상황에서 새로운 교과 내용을 배우는 것은 마치 모랫바닥 위에 집을 짓는 것 같아 불안했다. 1학년 과목을 모두 정확히 암송하지 않고서는 도저히 앞으로 나아갈 수 없을 것 같았다. 그런데 한 번 암송하며 복습하는 데 10시간이 넘게 걸리는 그 많은 양을 어떻게 다시 처음부터 새로 외운다는 말인가. 도저히 엄두가 나지 않았다.

그때부터였다. 내가 새로운 것을 배울 수 없게 된 것이. 내 정신 속에서 더는 새로운 것이 들어오지 못하도록 무언가가 강하게 배움을 거부하고 있었다. 그리고 이러지도 저러지도 못한 채 흘러가는 시간은 점점 나를 초조하게 만들었다.

하지만 아무도 내 말을 들어 주지 않았다. 이유 없이 성적이 떨어지는 이유를 나만 정확히 알고 있었다. 새로 배운 교과목을 공부하거나 제대로 읽지 못했다. 어느 순간부터는 수업 시간에 선생님의 목소리가 아예 들려오지 않았다. 정확히는 스스로 이 모든 것을 차단하고 있었다. 하루 종일 머릿속에서 '아… 해야 하는데. 1학년 때 배운 것들을 다시 외워야 하는데….'라는 생각만 맴돌았다. 그 외에 다른 것은 전혀 생각할 수 없었고, 앞으로 한 발짝도 나아갈 수 없었다. 마치 '정신적인 거식증' 같았다. 새로운 배움을 거부하는.

길고 긴 학습 부진의 늪에 빠지다

중학교 2학년 무렵, 난 또 다른 의미의 중2병을 앓기 시작했다. 확실히 정상은 아니었다. 단 한 줄의 책도 보지 못했고 단 하나의 단어도 외우지 못했으니까. 새로운 것은 그 무엇이든지 적이었으며, 이고 갈 수 없는 짐과 같았다. 책을 펼치면 마음 한 가운데가 묵직해졌다.

점점 책을 본다는 것이, 두려움이 되었고 얼마 지나지 않아 책을 읽을 수조차 없게 되었다. 수업 시간에는 항상 다른 페이지를 펴놓고 있었는데, 나 아닌 다른 누군가가 내 안에 새로운 것이 들어오지 못하도록 막고 있는 것 같았다. 그 와중에 아이러니하게도 난 공부하고 싶었고, 심지어 가장 잘하고 싶었다.

그렇게 몇 달이 지나고 나니, 당연히 성적은 회복할 수 없을 만큼 떨어졌다. 떨어지는 성적보다 더 무서운 것은 나를 향한 부모님과 선생님들의 실망이었다. 모두가 어른이 되어가고 있는 상황에서 나 혼자 성장하지 못한 채 잃어버린 구슬 주머니를 찾고 있는 것 같았다.

그래서 난 학교를 그만두기로 마음먹었다. 돌이켜보면 너무 어이 없는 이유 같지만, 나름대로는 이유가 있었다. 충분한 시간을 가지고 처음부터 다시 시작해서 1번부터 100번까지 순서대로 시조 외우듯이 공부해 나가다 보면 검정고시를 통해 대학에 갈 수 있지 않을까 하는 막연한 생각이 있었다. 그리고 자꾸 망가지는 내 모습을 친구들과 선생님에게 보여주며 더는 자존심을 구기고 싶지 않다는 마음도 있었다. 그러나 가장 큰 이유는 수업 시간에 앉아있기가 너무 힘들었다는 것이었다. 내 마음속에서는 새로운 것을 배우고 앞으로 나가고 싶은 마음과 새로운 것이 들어오는 것을 막는 마음이 서로 싸우고 있었고, 심할 때면 어지럼증으로 인한 구토에 시달리기도 했다. 학교에서 새로운 것을 배울 때마다 점점 어지러움과 구토는 심해졌고, 어느 순간부터는 책에 있는 글자가 아예 눈에 들어오지 않게 되었다. 도저히 더 이상 수업 시간에 버틸 재간이 없었다.

학교를 그만두기 위해 부모님 몰래 여러 경로를 알아보았으나, 중학교는 의무교육이라서 중퇴는 불가능했다. 그래서 차선책으로 다른 중학교로 전학 가게 되었다. 그러나 새로 전학 간 중학교에서도 책을 보면 어지럼증과 구토가 일어나는 증상은 지속되었고, 난 속으로 계속 잃어버린 구슬 주머니만 찾고 있었다. 아니, 그때부터는 내가 찾고 있는 것이 무엇인지 잘 알 수 없게 되었다. 책을 읽고 싶은데 읽을 수 없었고, 외우는 것은 더욱더 불가능했다. 그리고 서서히 내가 뭘 해야 하는지, 뭘 하고 싶은지도 잘 모르게 되었다.

결국 2학년도 끝이 날 무렵 공부를 포기하고 운동을 시작했다. 전학 갔던 중학교에는 다양한 운동부가 있었는데, 혈기 왕성한 중학생들에게 운동은 하나의 탈출구였다. 운동부와 운동부 아닌 친구들 모두 열심이었고, 난 친구들과 어울려 이런저런 운동을 하며 시간을 보내게 되었다. 서서히 평범함으로부터 멀어지고 있었고, 서서히 무뎌지고 있었으며, 어느 순간 완전히 공부를 포기한 단계에까지 이르러 있었다. 그리고 아무도 나의 미래에 관심을 가지지 않게 되었다. 다만 한 가지 다행인 것은 내 마음 깊은 곳에서는 '언젠가 잃어버린 구슬 주머니를 찾기만 하면 다시 하늘을 날 수 있을 거야'라는 '희망'만은 잃지 않고 있었다는 점일 것이다.

너무 평범하거나
혹은 너무 특이했던 고등학생

"넌 뭔데, 재수를 노리나, 삼수를 노리나?"

"삼수를 노립니다."

"…알았다. 고마 잠이나 자라…."

– 검은별 선생님

여러모로 고등학교는 더욱 어려웠다. 남들은 그저 공부 못하는(혹은 지독히도 안 하는) 학생으로 생각했겠지만, 스스로는 책을 보아도 글자가 읽히지 않는 상황이 너무 힘들었다. 여전히 책을 보면 어지럼증과 구토가 일었다. 자는 것, 먹는 것, 모두 힘든 날들이었다. 아무도 모를 것이다. 그 시절 내가 얼마나 공부하고 싶었는지. 하지만 어떻게 해야 이 보이지 않는 괴물과 싸워 해낼 수 있을지 알 길이 없었다. 캄캄한 날들이었다.

고등학교 2학년 때였다. 수학 시간에 선생님께서 여느 때와 같이 혼자 딴생각하던 나를 지목해서 칠판의 문제를 읽어보라고 하셨다. 그 문제는 적분 문제였고, '∫'을 '인테그랄'로 읽어야 했다. 난 이과였지만 손에서 공부를 놓은 지 오래된 상황이라서 인테그랄이라는 단어를 알지 못했다. 언뜻 보니 영어 S자를 길게 늘려놓은 것 같아서 어디서 들은 풍월로 '시그마'라고 작게 말했고, 그 말은 모든 학급 친구에게 큰 웃음을 주고 말았다. 수학 선생님은 나를 보더니 말했다 "넌 그냥 자라. 아니면 내 시간에 매점 가 있던지." 그 후부터 선생님은 나를 교실에 없는 사람으로 취급하셨고, 두 번 다시 지목하지도 않으셨다. 그리고 친구들은 나를 반항하는 아이로 생각하기도 했고, 공부를 포기한 친구로 받아들이기도 했다.

그때의 일은 매우 창피하고 굴욕적인 일이었지만, 한편 나에게 작은 변화를 가져다주기도 했다. 난 어릴 때부터 '천문학자'가 되고자 하는 꿈이 있었고, 그 시절까지 그 꿈은 변함없었다. 그리고 그 무렵 같은 꿈을 가진 태진(가명)이란 친구를 만났다. 우리는 서로 많은 이야기를 나누었고, 천문학을 하기 위해서는 수학만큼은 뒤처지면 안 된다는 조언을 듣게 되었다. 그래서 그때부터 수학만이라도 다시 시작해 보자는 마음을 가지게 되었다. 그리고 곧바로 시내 서점에 가서 중학교 참고서를 샀다. 중학교 수학은 내용이 많지 않고 외워야 할 공식도 많지 않았다. 그렇게 2학년 여름방학 때 중학교 수학 참고서를 공부한 후, 2학기부터는 고등학교 수학 참고서인 『수학의 정석 1-기본편』을 읽고 문제를 풀기 시작했다.

삼수를 노리는 고등학생

고등학교 3학년이 되어서도 수학 공부는 계속되었다. 하루는 영어 시간에 수학 문제를 풀고 있었다. 이를 본 영어 선생님에게 심하게 혼이 났고, 난 반항심에 영어 시간마다 잠을 잤다. 엄하기로 소문났던 영어 선생님은 나를 일으켜 세워 물어보셨다.

"니 뭐가 될라꼬 그라노? 재수를 노리나, 삼수를 노리나?"
"삼수를 노립니다."
"…그래, 알았다. 고마 자라."

반항심에 내뱉은 내 말을 듣고 선생님은 잠시 생각하시더니 더는 말씀하지 않으시곤 나를 내버려 두셨다. 그 후로 나는 우리 학교에서 그 선생님 수업 시간에 잠을 자고서도 매 맞지 않은 유일한 학생으로 유명해지기도 했었다. 너무 무모한 것으로 말이다. 그 일이 있고 나서 얼마 후에 담임 선생님이 따로 상담하자고 하셔서, 난 진지하게 내 상태를 말씀드렸다. 담임 선생님께서는 내 상태에 대해 완전히 이해하지는 못하셨지만, 그래도 수업 시간에 수학 공부를 하는 것은 허락해 주셨다. 그래서 그다음부터는 국어 시간이나 영어 시간에도 마음 놓고 수학 문제를 풀 수 있게 되었다.

여전히 책을 펼치면 머리가 아프고, 가슴이 답답해져 한 문장도 읽을 수 없는 날들이 이어졌지만, 그나마 수학은 조금 나았다. 외워야 할 공식은 많지 않았고(그나마 외우지도 않았지만) 문제는 풀고 나서 잊으면 그만이었다. 각 챕터별로 설명을 읽고 공식을 확인한 다음,

뒤에 나오는 응용문제를 풀어나갔다. 풀다가 공식이 가물거리면 다시 앞 페이지에서 공식을 확인하고는 계속 문제를 풀어보았다. 오늘 푼 문제를 내일 다시 풀 때 풀이법이 잘 기억나지 않아서 모든 문제가 항상 새롭게 느껴졌던 것이 약간의 흠이긴 했지만, 그래도 이것저것 암기하지 않아도 된다는 사실만으로도 수학은 참 은혜로운 과목이었다.

그렇게 고등학교를 졸업할 때까지 난 다른 모든 과목을 포기한 채 가방에 『수학의 정석 1-기본편』과 『수학의 정석 2-기본편』만 넣고 다니며 계속 문제를 풀었다. 그때 나에겐 한 가지 원칙이 있었다. '『기본편』을 넘어서는 어려운 문제는 풀지 말자'라는 것이었다. 아마 어렴풋이 느낀 게 있었던 것 같다. 한계를 두지 않고 공부하다 보면 또다시 잃어버린 구슬 주머니를 찾다가 개미지옥에 빠질 수 있으니, 일정한 한계를 정해 두고 공부를 하기로 한 것이다. 『기본편』을 공부하되, 그 수준을 넘어서는 문제는 당연히 틀려도 된다는 여유를 둔 것이다.

그렇게 고등학교를 다니며 유일하게 『수학의 정석 1-기본편』, 『수학의 정석 2-기본편』을 무사히 공부할 수 있었다. 물론 모든 공식을 제대로 기억하지는 못하다 보니, 수학 성적 역시 뛰어난 편은 아니었다. 그리고 무사히(?) 고등학교를 졸업했고, 당연히(?) 대학에는 가지 못했다. 중간을 약간 상회하는 수학 성적과 낙제 수준의 다른 과목 성적으로는 당연한 결과이기도 했다.

스무 살 그 해, 내가 했던 고민

중학교 1학년 때의 내 모습만 기억하고 싶으셨던 어머니에게 고등학교를 졸업하던 때의 내 성적은 결코 원하던 것이 아니었을 것이다. 그래서 고등학교를 졸업하고 어머니 손에 이끌려 심리 상담을 받은 적이 있다.

"어머니, 공부만이 길은 아닙니다. 아이에게 너무 공부를 강요하지 마세요."

나를 진찰한 의사 선생님께서는 이런저런 검사를 마치고 난 후 어머니에게 낮고 단호한 목소리로 말씀하셨다. 공부하기 싫어하는 아이에게 공부하라고 강요해서 나타난 증상이라는 것이다. 그 말에 나도 어머니도 기가 막혔다. 누가 공부하기 싫어한다고요? 아니, 누가 공부를 강요했다고요? 내가 정말로 원했던 것은 원 없이 공부할 수 있는 것이었다. 그리고 나에게 공부를 강요하는 것은 나 자신이었고, 그 공부를 막는 것 또한 나 자신이었다.

나의 내면에서는 매 순간 앞으로 나아가고자 하는 자아와 그걸 막아서는 자아가 서로 싸우고 있었다. 당시 내가 진정으로 원했던 것은 막아서는 자아를 이겨내고 앞으로 나아가는 것이었다. 하지만 의사의 말은 앞으로 가기 싫어하는 나를 누군가 밖에서 억지로 끌고 가려 한다는 것이었다. 원인부터 틀려먹었다. 난 그 말을 받아들일 수 없었고, 상담은 그리 오래가지 않았다. 다만 마음속 깊은 곳에서는 작은 의문 하나가 생겨나기 시작했다. "정말로 내가 나를 이긴다는 것이 가능한 일일까…."

난 항상 나를 막아서는 자아와 싸워서 이겨내야 한다고 생각했다. 그런데 가만히 생각해 보면, 막아서는 자아 또한 나 자신 아닌가. 둘 다 내 자아일 텐데 어떻게 하나가 다른 하나와 싸워서 이길 수 있을까. 어쩌면 다른 하나와 싸워서 이기려는 생각 자체가 잘못된 건 아닐까 하는 생각이 들면서, 의사 선생님의 말씀이 다르게 들리기도 했었다.

"동찬아. 너무 스스로 강요하려 하지 말자."

하지만 거기까지였다. 여전히 방법은 알 수 없었다.

20대의 도피,
그리고 거기서 얻은 소중한 인연

좀 더 자유롭고 대책 없는 재수 생활과 삼수 생활을 거친 후, 경기도 수원에 있는 어느 대학교 물리학과에 입학할 수 있었다. 기적이라면 기적 같은 여러 가지 우연들이 겹친 결과였다.

공부를 지지리도 안 했지만, 대학에는 가고 싶었다. 당시는 선(先) 지원 후(後)시험 제도였는데, 지금처럼 먼저 수능을 보고 대학에 지원하는 것이 아니라 가고 싶은 대학을 정해서 지원한 후 시험을 치르는 식이었다. 나는 모의고사 성적이 좋지 않아서 원하는 대학에 지원하지도 못했고, 합격하지도 못했다.

그때는 대학교 입학 지원서를 쓸 때, 졸업한 모교에 가서 담당 선생님의 허락을 받고 지원서에 학교장 직인을 찍어야만 했다. 그리고 삼수마저 실패하면 다음 해에는 나이로 인해 무조건 군에 가야 하던 시절이라서 모교에서도 삼수생의 후기 지원(전기와 후기 두 번 지원이 가능했다.) 원서는 비록 모의고사 성적이 좋지 않더라도 원하는 대학에 지원하도록 용인해 주는 분위기가 있었다. 나도 삼수 전기까지 모두 실패한 상황이었기에 삼수 후기는 눈치 보지 않고 대학을 고를 수 있었다. 말은 제주도로 보내고 사람은 서울로 보내라는 속담도 있으니, 떨어지면 바로 군에 지원할 생각으로 수도권 대학에 원서를 썼다. 그리고 그해 후기시험에서 학력고사가 유례없이 어렵게 나오면서 전반적으로 성적이 하향되었고, 나는 다행히 수학 과목에서 좋은 점수를 받아 총점에서도 평소보다 월등히 좋은 등수를 받을 수 있었다. 입시 종합점수에서 수학 점수에 가산점도 있었던 것 같았다. 그리고 논술과 면접에서도 예상하지 못한 행운이 뒤따라 감히 내 실력으로 넘보기 어렵던 좋은 대학에 합격할 수 있었다. 아마 내 인생 두 번째 기적쯤 되지 않을까 생각한다. 천문학자가 되고자 하는 꿈에 한 발짝 더 다가간 것 같아 마음이 뿌듯했다. 하지만 그와 동시에 10대와 20대 초반, 내 모든 것을 불태워보지 못한 채 이대로 학창 시절을 끝내야 한다는 미련과 아쉬움 같은 것이 가슴 한구석에 작게 남아 있기도 했다.

열림터

삼수한 덕에 대학교 입학 후 곧바로 입대하여 2년 후에 1학년으로 복학하였다. 그래서 같은 학년에서 나이가 가장 많았다. 당시에는 대학생들이 주로 2학년을 마치고 입대하던 때라 2학년까지는 군복학생을 찾아보기 어려웠다. 그래서 2학년이 되어서도 나는 여전히 우리 과, 우리 학년에서 제일 나이 많은 학생으로 남아 있었다.

그리고 그해에 내가 도저히 감당할 수 없는 슬픈 일이 일어났다. 같은 과 후배이자 같은 학년이었던 여학우 한 명이 스스로 몸에 불을 붙여 세상을 떠나는 일이 있었던 것이다. 당시는 학생 운동의 마지막 세대쯤이었고, 운동권 학생들은 학과 중심으로 활동하는 학생들과 동아리 중심으로 활동하는 학생들로 나뉘어 있었다. 그 후배는 동아리 중심으로 활동하는 학생이라 우리는 그 친구가 운동권이라는 것만 알고 있었지, 구체적으로 어떤 활동을 하는지는 잘 모르고 있었다. 그런데 어느 날 같은 교실에서 공부하던 후배가 갑자기 세상을 등지게 되었고, 나는 그 후배를 차가운 시선으로 대하는 세상과 마주하게 되었다. 운동권 학생들은 후배를 열사로 기렸지만, 학교 밖 세상에서는 일이 커지는 것을 우려해서 쉬쉬하려 했다. 후배의 부모님은 조용히 장례를 치르고자 했지만, 또 누군가는 장례식을 통해 후배의 죽음을 세상에 알리고자 했다. 이런저런 상황 속에서 당시 학생회장과 같은 과 선후배들은 유가족의 뜻을 중심으로 장례를 치르되, 정치 중립적인 장례식을 치르기로 의견을 모았다. 그래서 아무런 정치적 이해가 없던 우리 과 2학년 학생들로 장례위원회를 구성하였고, 그 가운데 나이가 제일 많았던 내가 장례위원장을 맡게 되었다.

우리는 무엇을 해야 할지 몰랐지만, 뭔가는 해야 했고, 어찌 돌아가는지 몰랐지만 어떻게든 중심을 잡아야 했다. 후배의 죽음을 기리고자 하는 운동권 선배들과는 조금 거리를 두면서도 후배를 아끼던 그들과 함께했고, 그러면서도 가족들이 원하는 방향으로 장례를 치러야 했다.

장례가 끝난 후, 우리는 큰 공허함과 알지 못할 허탈함으로 인해 힘겨워했다. 그리고 그런 감정을 함께 겪었던 여러 선후배와 힘을 모아, 후배의 죽음을 기억하고 여러 가지 이야기를 함께 나눌 수 있는 작은 모임을 만들어 〈열림터〉라고 이름 붙였다. 내가 초대 회장을 했던 것 같은데, 기억이 정확하지는 않다. 그 후 학교 내외에서 몇 차례 시위가 있었다.

장례식이 끝나고 1년 후, 경찰에서 〈열림터〉를 만든 사람들을 조사하려 한다는 소문과 함께 나도 그중에 포함되어 있다는 이야기를 듣게 되었다. 몇몇 운동권 선배들의 조언에 따라, 그날 난 학교를 빠져나와 서울 신림동에서 1년가량 조용히 숨어 지내게 되었다.

배우는 법을 배운다고?

신림동 하숙집에서 지낼 때, 우리 하숙집에는 나를 제외하고 7명의 하숙생이 있었다. 법학과 3명, 공대 2명, 약대 1명, 영문학과 1명이었는데, 모두 서울대학교 학생들이었다. 그렇게 많은 서울대학교 학생은 처음 보았다. 하숙집 분위기는 너무 좋았고, 나도 그 분위기 속에서 모처럼 편하게 지낼 수 있었다. 그때 하숙집에서 아무것도 안 하고 있으면 이상하게 보일까 봐, 다른 사람들에게는 고시생이라 말하고 다녔다. 그때 신림동에서 하숙하는 사람은 서울대생과 고시생이 대부분이었기에 그렇게 둘러댄 것뿐이었다. 물론 정말 고시를 볼 생각은 추호도 없었다.

비록 이과생에 물리학 전공자였지만, 고시생 흉내는 내야 하다 보니 민법 책을 사서 가방에 넣고 다녔는데(물론 하루 종일 만화방에서 시간을 보냈다.), 처음에는 100페이지가 넘는 이 두꺼운 책을 처음부터 끝까지 모두 암송하듯 외워야 하는 줄 알고 고시생들에게 무한한 존경심을 가지고 있었다. 그러던 어느 날 같은 하숙집 법대생들과 이야기를 하다가 '이런 걸 줄줄 외우다니 대단하다.'라는 말을 했다가 놀라운 이야기를 듣게 되었다. 법대생들은 절대로 암송하듯 책을 외우지 않는다는 것이었다. 심지어 고시는 암기과목이 아니라는 말도 들었다.

믿을 수 있겠는가? 고시가 암기도 아니고, 책을 암송하지도 않는다니!

그 동생들 말로는 고시 준비를 위해서는 암기가 아니라 읽기와 내용 정리가 중요하다는 것이었다. 그리고 거기에도 다양한 방법이 존재하기 때문에 자신에게 맞는 방법을 찾는 것이 큰 관건이어서, 고시생들은 해마다 더 나은 공부법을 찾기 위해 이런저런 시도를 해본다는 것이었다.

신선한 충격이었다. 외우지 않고 읽는다고?

그리고 한 달쯤 후 내 옆방에 살던 산업공학과 복학생 동생과 술을 마실 기회가 있었다. 그 후배에게 내가 법대생들에게 들은 이야기를 해 주니 그 후배가 자기 과 이면우 교수님의 이야기를 들려주었다. 이면우 교수님은 'W 이론'으로 유명한 분이시라 나도 이름은 알고 있던 터였는데, 그 후배는 이면우 교수님의 가장 중요한 연구 주제가 '배우는 법을 어떻게 가르칠 것인가'라고 하였다.

놀랍지 않은가? 우리나라에서 제일 똑똑하다는 서울대학교의 교수님과 학생들도 '어떻게 배울 것인가'를 고민하며 더 나은 공부법을 찾으려 한다는 게.

'아니, 배우는 법을 배운다고? 들입다 외우는 것 말고… 과학적인 공부법?' 그때 내 머릿속에서 그 물음은 잠시였지만, 이후 답을 찾고자 하는 노력은 오랫동안 이어졌다.

대학교 중퇴

1년간의 도피 아닌 도피 생활을 끝내고 학교에 돌아왔을 때, 학교는 이미 모든 것이 안정되어 있었다. 아니, 갑자기 터진 'IMF 사태'로 인해 학교는 쥐 죽은 듯이 조용해져 있었다. IMF는 마치 쓰나미처럼 젊은 날 우리들의 모든 고민을 휩쓸어 버렸고, 남겨진 것은 아무것도 없었다. 취업난이라는 현실 외에는.

다시 돌아온 대학 캠퍼스에서 천문학자의 꿈은 사라지고 없었다. 책을 읽고 공부하는 데 어려움을 겪던 내가 대학교수를 꿈꾸는 것 자체가 사실은 아이러니한 상황이었다. 그것도 그 어렵다는 과학이라니.

그 시절 천문학자를 꿈꾸었지만, 별을 사랑하는 내 마음은 논리적이고 학문적이라기보다는 다소 심미적이고 몽환적이었다.

한 남자의 이야기를 들려주려 한다. 언젠가 읽었던 잔인한 동화 속 주인공이다. 그 남자에게는 너무나 사랑하는 여인이 있었다. 남자는 사랑하는 여인의 몸을 구석구석 알고 싶었던 나머지, 의사가 되어 그 여인의 몸을 모두 해부해버렸다는 그로테스크한 이야기이다. 그 후 남자는 여인의 시체 앞에서 깨닫는다. 자신은 의사가 아닌 화가가 되었어야 했음을.

비록 동화 속 이야기지만, 이야기 속 주인공은 그때의 내 모습이었다. 아직 세상을 잘 모르고 미숙했던 나는 정말 원하는 바를 잘 알지 못했고, 안다고 해도 어떻게 찾아가야 하는지 제대로 알지 못했다. 다시 그때로 돌아간다면, 난 천문학자의 꿈은 꾸지 않을 것이다. 아마 영화감독이나 애니메이션 작가를 꿈꾸지 않았을까.

또 학교를 떠나다

'이렇게 학창 시절을 끝내도 후회하지 않을 건가? 중고등학교 시절 제대로 공부해보지도 못했고, 천문학자라는 꿈도 이렇게 허무하게 사라졌는데, 이렇게 열정을 제대로 불태워보지도 못한 채 20대를 보내도 되는 걸까? 과연 살아가면서 이때를 후회하지 않을 자신이 있을까? 한 번쯤 거울에 나 자신을 비춰 내면을 직시해야 하지 않을까?' 이런 생각이 점점 강해졌다. 정말 한 번쯤은 내 미래에 책임을 지고 '무엇인가'에 도전해보고 싶었고, 모든 것을 떠나 내가 원하는 미래의 모습을 스스로 그려보고도 싶었다. 하지만 현실은 꿈을 포기한 상태로 졸업을 앞둔 취업 준비생이었고, 아무것도 결정하지 못한 채 시간만 흘러갔다. 그렇게 현실에 매몰되던 4학년 여름…. 여전히 고민이 사라지지 않고 있었다.

1학기 기말고사를 치던 어느 날, 후배가 나에게 물었다.

"형~! ○○에 원서 넣으신다면서요? 좋으시겠어요. 저는 뭐…."

"야! 누가 내가 ○○ 지원한다고 그러냐?"

"다들 그러던데, 원서 쓸 사람 정해져 있다고."

IMF는 많은 것을 바꿔버렸다. 모든 사람의 관심은 누가 어느 회사에 입사하는가에 집중되었고, 그 이외의 관심은 모두 사치이자 시간 낭비가 되어있었다. 난 원하지도 않고 한 번도 생각해 본 적도 없는 회사에 떠밀리듯 입사 시험을 봐야 할지도 모를 상황에 놓여 있었다. 내 속에서 무언가 절박한 외침이 들렸다.

"동찬아. 나가자. 더 늦기 전에. 그리고 딱 한 번만 진지하게 해 보자. 그게 뭐가 되었든." 정확한 것은 알 수 없었지만, 신림동에서 생각해 본 어떤 가능성, 아직 불태워보지 못한 나의 청춘이 있을 것 같았다. 중고등학교 시절 정말로 원 없이 공부해보고 싶었으나 내가 통제할 수 없던 문제로 인해 공부하지 못했던 기억, 대학교 진학 후 의도치 않은 도피 생활, 그리고 포기한 꿈…. 20대를 이렇게 보내버리기에는 너무 억울했다. 한 번쯤 최선이란 단어를 삶에 새겨보고 싶었다. 그리고 아직 조금 더 '잃어버린 구슬 주머니'를 찾아보고 싶었다. 그런데 도저히 알 수가 없었다. 나에게서 뭐가 문제였는지, 어떻게 해야 '잃어버린 구슬 주머니'를 찾을 수 있는지, 아니 어떻게 해야 그 구슬 주머니를 내 마음속에서 완전히 지워 버릴 수 있는지.

생각이 여기까지 미치자 더 이상 학교에 다닐 수 없었다. 이미 4학년이었고 이대로 졸업해버린다면 더 이상 내 삶에서 어떠한 변명도 통하지 않을 것 같았다. 난 구슬 주머니를 찾지도 못했고 지워버리지도 못했다. 어떤 식으로든 이 문제를 결론지어야만 앞으로 나아갈 수 있을 것 같았다. 그래서 4학년 1학기를 마치자마자, 학교를 그만두고 고향으로 내려갔다. 고향에서는 모두 나를 걱정스러운 눈으로 바라보았다. 이제 곧 대학교를 졸업하고 취직해야 할 녀석이 갑자기 학교를 그만두고 내려왔으니.

그래서 그때까지 내 대학교 등록금을 책임지고 있던 누나들과 나를 위해 고생하시던 부모님께 나는 즉흥적인, 정말로 즉흥적인 변명을 할 수밖에 없었다.

"저, 의대에 가려고요…."

제2장
긴 항해의 시작

새로운 도전, 아니 처음 하는 도전

스물일곱, 그때 난 의사가 되고 싶은 생각은 전혀 없었다. 아니 의사라니… 평생 병원에 갇혀서… 이건 아니었다. 누가 들으면 배부른 소리라고 할 수도 있지만, 나에게 병원은 그리 아름다운 기억이 아니었다. 누나들과 나이 차이가 컸던 나는 주로 학비와 생활비를 누나들에게 의지했다. 그리고 누나들이 일하던 병원은 나에게도 익숙한 공간이었다. 내 기억 속 병원은 고통과 이에 맞서 싸우는 사람들의 공간이었다. 그리고 누나들은 항상 타인의 무거운 짐을 대신 짊어지고 걸어가는 것 같았다.

나는 중학교 2학년 때부터 계속 내 안의 문제와 싸우고 있었다. 나는 타인의 짐을 대신 질 만큼 강하지 못하다고 생각했다. 그래서 의사라는 일을 해낼 자신도 없었고, 의사가 되고 싶은 생각도 없었다. 그래도 그때는 그렇게 말해야 했다. 그래야 4년간 등록금을 부담해 준 가족에게 졸업을 앞두고 갑자기 대학을 그만둔 이유가 설명될 테니까.

그렇다고 해서 정말 수능을 보려고 했던 것도 아니었다. 그때 내가 원했던 것은 나 자신의 문제, 책을 읽지도 못하고 거부하는 내 문제의 원인을 좀 더 깊은 곳에서 찾아보고 싶은 것이었다. 이 설명할 수 없는 벽과 장해물에 대해 어떻게든 이해해보고 싶었고, 어떻게든 세상에 호소해보고 싶었다. 그리고 더 나아가 시간을 가지고 나를 이해하고 내가 정말 원하는 삶을 찾아보고 싶었다.

그런데 얼떨결에 가족들에게 의대에 가겠다고 말 해버렸으니 어떻게든 수능의 벽을 넘어서야 했다. 그런데 다시 생각해 보니 수능은 그때 내가 반드시 넘어야만 하는 것이기도 했다. 공부하는 데 심리적 어려움이 있는 내가 이를 극복하기 위해서는 직접 공부와 직면해야 했고, 내 상황을 이해하기 위해서는 대학에서 관련된 공부를 해보는 것이 좋지 않을까 하는 생각이 들었기 때문이다. 그리고 교육학이나 심리학의 어떤 부분에서 내 문제에 대한 답을 찾을 수도 있지 않을까 하는 막연한 기대 같은 것이 있기도 했다. 그래서 다시 한번 도전하기로 마음먹었다.

그때 그 결심, '배우는 법을 찾아보자'

"우선, 지금 상태에서 어떻게든 수능 시험에 도전해보자. 책을 읽을 수 없고 외울 수 없다면, 그 상태 그대로 이를 대신할 어떤 방법이 있을 것이다. 절대 나랑 싸우지 말자. '배우는 것을 배우는 방법'이 있다면, 분명히 나에게 맞는 방법을 찾을 수도 있을 것이다. 그걸 찾아보자. 그리고 대학에 가서 근본적인 해결책을 고민해보자. 내가 왜 평생 구슬 주머니를 찾아 헤매는지, 어떻게 해야 여기에서 벗어날 수 있는지 방법을 찾아보자."

언제부턴가 나에게 잃어버린 구슬 주머니는 더 이상 중학교 1학년 교과서의 내용이 아니게 되었다. 어느 곳으로 가야 하는지 방향도 알 수 없었던 그때의 나에게, '구슬 주머니'는 내가 가고 싶은 방향이었고, 내가 하늘을 날 수 있는 방법이었다. 이제는 정말로 그 구슬 주머니를 찾아보고 싶었다.

이럴 수가, 수능 시험에 암기가 없다니!

수능까지는 5개월도 남지 않았다. 난 수능세대가 아니었으므로 현실적으로 준비할 것이 너무 많았다. 수험 서적을 사기 위해 처음으로 수능 참고서와 문제집을 훑어보았다. 그리고 놀라운 사실을 알게 되었다.

'수능 시험에는 암기과목이 없다!'

이 말을 하면 다들 의아해한다. 사회탐구, 과학탐구 등 암기과목이 얼마나 많은데 그런 소리를 하느냐고. 그런데 그렇게 말하는 사람들은 '학력고사' 시절의 암기를 경험해보지 못한 사람들이다.

학력고사에서 국어 과목은 '교과서 내 출제'가 원칙이었다. 따라서 교과서를 통째로 외워야 했다. 관동별곡도 외우고 용비어천가도 외우고, 현대 시인들이 쓴 시는 밑줄 그어가며 그 뜻을 하나하나 외워야 했다. 심지어 시험에 맞춤법 문제가 나온 적도 있었다. 그런데 수능 언어 영역은 '교과서 외 출제'가 원칙이란다~! 세상에나~! 그럼 교과서를 외울 필요가 없겠네?! 그렇다. 교과서를 외울 필요가 없었다. 모든 학생이 처음 보는 글을 읽고 문해력을 측정하는 시험이 수능 언어 영역 시험이란다. 문해력이 무슨 말인지는 알 수 없었지만 적어도 국어 교과서를 외우지 않아도 된다는 것만으로도 전체 암기량의 40%는 줄어든 것 같았다.

가장 큰 변화는 영어였다. 학력고사 영어는 100% 단어 암기와 문법 암기력 시험이었다. 학력고사 1번부터 5번까지는 〈보기〉와 같은 악센트 찾기, 동의어 반의어 찾기, 심지어 철자가 틀린 것 찾기 등의 문제였는데, 지금 생각해봐도 어이가 없다. 중학교 1학년 때부터 6년간 매일 꾸준히 단어를 암기해서 실력을 쌓아두지 않으면 절대로 따라갈 수 없는 수준의 문제들이었다. 그래서 내가 고등학교 다닐 때 이런 말들이 상식처럼 돌곤 했었다 '수학은 고등학교 때부터 해도 따라갈 수 있는데, 영어는 중학교 때 놓치면 절대로 따라가지 못한다.'라고. 정말 그랬다. 매일 서너 시간씩 6년 이상 꾸준히 쌓아 올린 영어 실력만이 고득점을 보장하는 시험이 학력고사 영어였다. 나처럼 기억력이 좋지 않은 학생은 애초에 손도 대기 힘든 세상 밖 시험이었다. 그런데 수능 외국어 영역은 100% 듣기와 독해 시험이다~! 그렇다면 단어 하나하나의 스펠링과 악센트, 수십 개의 동의어와 반의어를 외우지 않아도, 토플에도 안 나올 깨알 같은 문법을 몰라도, 그 단어가 부사인지 형용사인지 정확히 몰라도 독해는

가능하지 않겠는가. 그 단어의 뜻만 알고 있다면!

자, 어떤가! 이렇게 놓고 보니, 정말 암기의 양이란 면만 놓고 보면 학력고사와 수능 시험은 비교할 수도 없지 않겠는가?

이건 분명 기회였다.

생각지도 않게 나의 가장 큰 문제인 암기와 기억에 대한 부담이 크게 줄어들었다. 그렇다면 이제는 시험에 맞는 공부법을 찾아야 할 때였다. 문제는 이런저런 공부법을 찾아다닐 만큼의 시간적 여유가 없다는 것이었다. 결국, 난 수능 시험 자체의 성격과 각 과목의 특성을 분석해서 거기에 적합할 것으로 생각되는 방법을 스스로 찾아보고 적용하기로 마음먹었다. 물론 내 기억력의 한계는 이미 잘 알고 있으니 이에 대한 부담은 최소한으로 줄이고.

나는 분명 학교에 적응하지 못했다. 더 정확히는 학교에서 공부하는 데 어려움을 겪었다. 학교에 다닐 때는 그 장벽을 넘어설 방법을 찾지 못했지만, 시간이 흐른 후 이제 나름대로 그 장벽을 넘어서려는 도전을 시작하고 있었다. 도전, 그래 수능 시험은 내가 처음 해본 도전이었다. 어떠한 확신도 없었지만 해보려는 의지는 가득했고, 그 결과가 어떻든 모두 받아들일 준비가 되어 있었다.

그로부터 2년간 '이 과목은 어떻게 공부해야 하는가'라는 질문을 스스로에게 던지며 나를 시험 삼아 모질게 테스트를 거듭했다. 그 결과 첫해 고려대학교와 지방소재 의대 한 곳에 합격하였다. 두 번째 해에는 원하던 서울대학교에 합격할 수 있었다. 두 번의 수능 시험을 통해서, 스스로 어떤 작은 가능성을 확인했다고 생각한다. 분명 읽고 외우기에 있어 내가 가진 심리적 어려움을 극복한 것은 아니었다. 그러나 다소간의 문제가 있더라도 이를 제대로 인지하고 적절한 대책을 세울 수 있다면 모종의 성과를 내는 것도 가능하다는 것을 알게 되었다.

수능 시험을 준비하며

본격적인 시험 준비에 앞서, 내가 분석한 수능 시험은 몇 가지 특징이 있었다. 우선 암기할 양이 상대적으로 많지 않았다. 대신 종합적인 사고력이 필요하다고 하였는데, 이는 낯선 문제에 대한 적응력이 관건이라는 의미로 이해되었다. 기출문제를 보니 예문과 지문이 매우 길었고, 글을 통해 정보를 파악해야 하는 능력이 중요해 보였다. 그리고 무엇보다도 문제를 풀 시간이 절대적으로 부족해 보였다. 그래서 일부 문제는 어쩔 수 없이 유추(소위 찍기)해서 풀 수밖에 없을 것 같았다.

이렇게 정리한 특징을 바탕으로 수능 시험 공부의 원칙을 몇 가지 정해 두었다. 그리고 이에 따라 교과목별 공부법을 찾아 나갔다. 내가 정한 구체적인 원칙들은 다음과 같았다.

첫째, 효율적인 공부법은 분명 존재한다.

내가 아직 모르고 있을 뿐 과목에 따라 더 좋은 공부법과 효율적인 학습법이 반드시 있을 것으로 생각했다. '배우는 법을 배울 수 있다'는 것을 믿고 더욱 효율적인 공부 방법을 찾으려는 관심과 노력을 줄이지 않았다.

둘째, 기억하는 데 어려움이 있음을 분명히 인정한다.

기억력 자체의 문제인지, 심리적인 장벽이 문제인지 모르지만, 학습한 내용을 기억하려고 애쓸 때 생기는 심리적 장벽이 여전히 존재했고, 이 때문에 책을 볼 때 너무 큰 에너지가 소모되었다. 따라서 이런 내 상태를 정확히 받아들이는 것부터 시작했다. 스스로 매일 되뇌었다. "외울 필요 없다. 절대로 외울 필요 없다." 그렇게 자기암시를 계속해도 시험 공부를 하는 동안 계속 불안했다. 중학교 시절부터 있었던 기초에 대한 불안함. 모든 것을 원점부터 공부해야만 할 것 같은 느낌. 이런 불안함은 어쩔 수 없는 것으로 받아들이려 했다. 기초가 부족한 것을 지금 와서 어쩌랴. 다만 아무리 불안해도 '처음부터 다시 하려는 유혹'과 '완벽해지려는 유혹'만은 이겨내기 위해 노력했다. '지금부터 시작'이라는 마음으로 준비했다.

셋째, 파레토의 2:8 원칙을 철저하게 지킨다.

파레토의 2:8 원칙이란, 어떤 일이든 기본적인 것 80%를 완성하는 것은 최초 20%의 노력이라는 것이다. 철저하게 이 원칙을 따르려고 했고, 이것을 응용하려 했다. 20%의 노력만으로 80%를 만들고, 내 능력의 100%를 20%씩 5개로 쪼개어 80점짜리 5개를 만들려고 노력했다. 공부하는 동안 파레토의 2:8 원칙은 나에게 하나의 종교와도 같았다. 특정 부분에 대해 내 전체 능력과 시간 중 20% 이상은 투자하지 않으려 노력했고, 80% 이상의 효율은 기대하지 않았다.

넷째, 기본영역과 응용영역을 구분해서 공부한다.

외우거나 정확히 풀어서 맞추어야 하는 문제가 있고, 근사치를 추정해서 맞추어야 하는 문제가 있다. 이를 구별하는 능력을 길러야 한다고 생각했다. 수학을 예로 들면, 정확한 공식을 알고 적용해야 하는 문제와 보기의 답을 대입하는 역산을 통해 정답을 가려내는 문제를 빨리 구분하는 것이다. 파레토의 2:8 원칙에 따르면 80점은 20%의 노력으로 도달할 수 있는 한계이다. 그렇다면 나머지 20점은 어떻게 하는가? 이 부분은 응용의 영역이 될 수도 있고, 여차하면 찍기의 영역이 될 수도 있다. 찍기도 확률을 높이려면 다소간의 노력이 필요하다. 하지만 이는 절대로 암기가 동원되지 않는 노력이어야 한다.

Core 암기법

아무리 암기하려 하지 않아도 시험에서까지 피할 수는 없었다. 난 암기 자체보다는 암기에 대한 부담을 줄이는 것이 중요하다고 판단했다. 암기할 부분을 최소화하되, 나에게 가장 익숙한 방법을 사용하기로 했다. 바로 누적적이고 반복적으로 복습하는 '구구단식 암기법' 말이다. 이길 수 없으면 친구로 만들기로 했다. 가능한 범위 안에서 누적적이고 반복적으로 복습할 수 있다면, 오히려 불안함을 줄일 수 있으리라는 기대도 있었다. 과거와 차이가 있다면, 암기하는 양을 합리적인 범위로 줄이고, 그 내용을 암송하지 않는 대신 읽고 이해하는 데 초점을 두기로 한 것이었다. 나는 이것을

'Core 암기법' 또는 '최대공약수 암기법'이라 부르기로 했다.

'Core'란 그 교과에서 필수적으로 요구하는 최소한의 지식이다. 다시 말해 교과의 뼈대와 같은 부분이다. 중요한 것은 'Core는 반드시 최대공약수로 만들어야 한다는 것'이다. 수능 시험에서 최소공배수 작전은 무조건 실패한다. 보통 다른 책에 안 나오는 어려운 공식이나 신박한 지식은 그 책의 가치를 올려주곤 한다. 그러나 그런 내용이 시험에 나올 가능성은 대단히 낮다. 설사 시험에 나오더라도 그걸 맞출 필요도 별로 없다. 그건 틀리라고 나오는 함정 문제이기 때문이다. 기본적으로 모든 책에 공통적으로 나오는 내용, 그중에서도 다시 기본이 되는 내용만 추리고 추려서 Core를 만들기로 했다.

그리고 Core는 반드시 주기적으로 반복해서 절대 잊지 말아야 한다. 아니 Core'만' 반복해야 한다. 그리고 반복은 암송이 아니라, 이해를 동반한 읽기로 진행한다. 이를 위해 한 과목의 Core를 한번 읽는 데 절대로 8시간 이상 걸리지 않도록 해야 한다. 그래야 시험 직전 하루 이틀 사이에 다 읽을 수 있고, 시험 당일 기억 속에 Core가 남아 있을 것으로 생각했다.

정답 찍기 연습

수능 시험을 준비하며 가장 어려웠던 부분은 언어 영역이었다. 다른 과목들은 모두 기본적으로 암기해야 할 내용 즉 Core가 있었는데, 언어 영역에서는 Core라고 할 수 있는 부분이 아예 보이지 않았다. 그리고 문해력 측정은 도무지 감조차 잡을 수 없었다. 그러다 보니 언어 영역에서는 문제를 풀고 답을 쓰면서도 정답에 확신이 없었다. 어떤 문제의 정답을 맞혔다고 해도 다른 유사한 문제가 나왔을 때 또 맞힐 수 있을 거라는 자신이 없었다는 것이다. 결국, 한 달 정도 문제집을 풀다가 조금 방법을 바꾸었다. 두 가지 방법이었는데, 하나는 '지문 요약 연습'이고 다른 하나는 '정답 찍기 연습'이었다. 매일 두 시간씩 문제를 풀면서 1시간은 출제진이 만든 문제를 풀었고, 나머지 한 시간은 지문 요약과 정답 찍기를 하루씩 번갈아 연습했다.

'지문 요약 연습'은 당시 흔히 하는 공부법이었는데, 지문을 읽고 단락별로 한 줄씩 요약하는 연습이었고, 더 나아가 단락을 대표하는 단어 하나를 찾는 연습이었다.

'정답 찍기 연습'은 내가 개발한 공부법이었는데, 대학 진학 후 학점을 따거나 변호사 시험 공부할 때도 큰 도움을 받은 공부법이다. 우선 지문을 반으로 나누어 앞의 절반만 읽는다. 그런 후 뒤의 내용은 읽지 않고 문제를 푸는 것이다. 즉 앞의 절반에 대한 지식만으로 나머지 뒷부분 내용을 유추해서 문제를 푸는 연습이다. 내용을 전혀 읽지 않고 문제를 풀어야 하기에 찍기 연습이라고 이름 붙였다. 사람이 쓰는 글들, 특히 수능 시험에 예문으로 나오는 글들은 몇 개의 정형화된 패턴과 흐름이 있을 것으로 예상했다. 따라서 반복적인 연습을 통해 이러한 패턴에 익숙해진다면 유추를 통한 정답률을 높일 수 있지 않을까 하고 기대했다.

인생을 살다 보면 실력만으로는 절대로 해결할 수 없는 부분이 있다. 100% 실력만으로 해결할 수 있다면 최선이지만, 사람의 일이란 운과 우연이 작용하는 부분도 있기 마련이다. 그렇다면 다소 시간이 있을 때 그 운과 우연을 좋게 만들 수 있는 훈련도 해두면 도움이 되지 않겠는가. 시험장에서 모든 지문을 다 읽고 문제를 풀 수 있다면 최선이다. 그러나 경험해보면 알겠지만, 수능 시험이나 LEET, 변호사 시험처럼 우리가 겪는 시험들의 지문은 상식적으로 이해하기 어려울 만큼 길고 복잡하다. 아무리 빨리 읽어도 다 읽을 수는 없으며, 다 읽는다고 하더라도 그 내용을 정확히 분석하기는 거의 불가능하다. 지문이 길고 복잡할수록 내용을 어느 정도 추측하거나 유추해서 문제를 푸는 게 불가피하다. **쉽고 짧은 문장은 빨리 풀고, 조금 어렵고 긴 문장은 시간과 공을 들여서 풀며, 너무 길고 복잡한 문장은 일부만 보고서 전체를 유추해서 문제를 풀기로** 했다. 꼭 필요할 것으로 생각하지는 않았지만, 이런 전략도 세워놓아야 한다고 판단했다. 그래서 수능 언어 영역을 공부할 때, 긴 지문의 절반만 읽고 문제를 푸는 연습을 많이 했다. 이렇게 연습하다 보니까 어느 순간부터는 지문을 읽지 않고 문제만 풀었는데도 답이 나오는 경우도 있었다. 점점 감이 좋아지고, 그에 비례해서 자신감도 상승해갔다.

예상 밖의 성공, 끝나지 않은 도전

그해 수능에서는 370점가량 받았던 것으로 기억한다. 그때 내 예상보다 너무 좋은 점수를 받아서 놀랐고, 다른 한편으로는 사회탐구를 포기하다시피 했기에 결과에 대해서 다소 아쉬움도 남아 있었다. 시험을 준비하면서 대학에서 교육학이나 심리학을 공부하고 싶다고 생각했었기에 문과를 택했고, 2년 정도 시험 기간을 예상했기에 첫해 결과는 하늘이 주신 선물 같았다.

나보다 더 기뻐했던 사람은 부모님과 누나들이었다. 그리고 가족들은 내가 처음으로 수능 시험에 도전한다고 했을 때 의대에 간다고 했던 말을 정확히 기억하고 있었다. 이러한 가족들의 기대를 외면하기 어려웠고, 당시 IMF로 인해 안정적인 미래가 보장되는 의대의 인기가 매우 높았을 때라 그 분위기에 휩쓸린 면도 있었다. 그래서 의대를 중심으로 원서를 썼고, 문·이과 교차지원이 되는 곳을 골라 서울과 지방에 각각 한 곳씩 지원했다. 지원 당일 고려대학교의 의예과를 취소하고 공대로 변경했고, 지방의 원광대학교는 그대로 의예과에 지원했다.

먼저 합격 연락이 온 곳은 원광대학교였다. 원광대학교는 둘째 누나와 둘째 매형이 졸업한 곳이었고, 둘째 매형의 집도 근처에 있었으므로 나에게는 둘도 없이 좋은 선택이었다. 동생이 없는 둘째 매형께서는 내 합격을 더욱 크게 기뻐했던 것으로 기억한다. 그렇게 합격하고 등록금을 납부한 후, 오리엔테이션까지 마치고 입학을 준비하고 있었는데 고려대학교에서 합격 통지를 받았다. 이틀 정도 고민하다 원광대학교에 가서 의예과 등록취소를 요청했다. 그리고 등록금을 반환받아서 고려대학교에 등록했다.

모두 아쉬워했다. 둘째 누나와 매형은 특히 더 그랬다. 두 분의 호의를 너무 매정하게 뿌리친 것 같아서 무척 미안했다.

그런데 당시 의대에 합격하고 오리엔테이션을 준비하는 동안 한 가지 의문이 들었다. '이게 최선일까? 그 숱한 시간 고민했던 결과가 의사가 되려 했던 것이었나?' 처음 수능을 공부할 당시 막연히 잡았던 진로는 대학에 진학해서 내가 10대에 겪었던 문제를 스스로 직접 다루어보는 것이었다. 그리고 이를 통해 나와 같은 어려움을 겪고 있는 학생들에게 작은 도움을 줄 수도 있지 않을까 하는 막연한 사명감 같은 것도 있었다. 그런데 의대에 진학하면 이런 계획과는 전혀 관련 없는 일을 하게 되지 않겠는가. 물론 의대에서 정신과를 전공해서 비슷한 일을 할 수도 있었겠지만, 그때는 생각이 거기까지는 미치지 못했다.

그렇게 난 고려대학교에 입학했고, 두 달 정도 지난 후 또다시 다음 수능 시험 준비를 시작했다.

마지막 수능을 마치고

다음 수능이 내 인생 마지막 수능 시험이 될 거라고 다짐했다. 준비에 충분한 시간이 있었고, 더불어 자신감도 있었다. 그리고 지난 수능 점수가 단지 행운이 아니었다는 것을 스스로 증명해보고 싶은 욕심도 컸다. 공부는 주로 집에서 가까운 보라매공원 독서실에서 했다. 안암동 고려대학교 도서관에서 공부하는 것도 좋았겠지만, 대학교 도서관에서 수능 모의고사 문제를 풀고 싶지는 않았다. 물론 과외 예습처럼 보일 수도 있었겠지만 자유로운 대학생들 사이에서 나 스스로 마음을 다잡고 동기 부여하기가 쉽지 않을 것 같았다. 보라매공원은 예전 공군사관학교가 있던 곳이어서인지 오래된 건물을 고풍스러운 독서실로 꾸며서 시민에게 개방하고 있었다. 매일 무거운 책을 갖고 다녀야 했지만, 넓은 공원을 산책할 수도 있고 근처 식당을 이용하기도 편했기 때문에 이곳에 나만의 베이스캠프를 차리기로 결심했다.

그렇게 또 힘든 시간이 시작되었다. 이미 한번 경험해보았기에 공부에 조금 익숙해졌고, 결과가 나쁘지 않았기에 공부 방법도 그대로 유지했다. 그렇게 나의 마지막 수능 시험이 무사히 끝났다.

깊은 절망 속에서

항상 시험을 마치면 그날 저녁에 답안을 채점해보곤 했다. 그런데 2000학년도 수능 시험을 마치고서는 이상하게 채점할 용기가 나지 않았다. 한참을 망설이다가 밤늦게 답안지를 사서 채점해보았다.

언어 영역 1번 - 오답
언어 영역 2번 - 오답
언어 영역 3번 - 오답
언어 영역 4번 - 오답
언어 영역 5번 - 오답….

언어 영역 듣기가 6번인가 7번까지였던 것 같은데, 전부 오답이었다. 이럴 수가…. 그다음으로 이어지는 보고 푸는 문제를 채점하는데도 오답 투성이었다. 최종 점수는 98점…. 120점 만점이었으니 무려 언어 영역에서만 22점이 감점되었다.

더는 채점하지 못하고 그 자리에서 목 놓아 울었던 기억이 난다. 태어나서 처음으로 그렇게 크게 울었던 것 같고, 처음으로 세상을 원망하며 '왜 안 되나. 왜 난 안 되나… 역시 작년은 그냥 운이었구나….'라고 생각하며 동네 커피숍에 혼자 앉아 한동안 펑펑 울었던 기억이 난다. 마치 어제 일 같다. 며칠 지나고 나서 알게 된 것인데, 그해 수능이 너무 어려웠고 특히 언어 영역이 어려웠다고 한다. 그러나 채점하던 당시에는 그런 것을 몰랐다. 그저 한없이 서럽고 또 서러웠다.

그렇게 집에 돌아와서 시체처럼 잠들었다. 그런데 다음 날 아침에 일어나니 이상하리만큼 몸이 가벼웠다. 온몸이 깃털처럼 아무런 무게가 느껴지지 않는 것 같았다. 오래전, 입대하여 훈련소에서 첫날밤을 보냈을 때와 같은 기분이었다. 군에 다녀온 사람들은 알 텐데, 입대 첫날에는 보통 완전히 절망에 빠지고 만다. 그리고 모든 희망을 잃고 잠에 빠져들었다가 다음날 잠에서 깨면 이상하리만치 개운했다. 마치 어린아이가 낮잠에서 깨어나듯. 그해 수능 시험 다음 날이 그랬다. 아침에 일어나니 마음이 가벼웠다. 그리고 '난 할 만큼 했다. 지난 2년간 최선을 다했고 아무런 미련이 없다. 정말 한 치의 미련도. 난 스스로 만족한다.'라는 생각이 들었다. 정말이었다. 스스로 부끄럽지 않을 정도로 최선을 다했으니 10대에 가졌던 아쉬움과 미련이 모두 사라진 느낌이었다. 내 지난 노력이 이런 시험 점수 몇 점으로 평가되는 게 우습기까지 했다. 이제 어느 대학에 가는지는 아무런 의미도 없었다. 마음이 후련했다. 아무런 미련이 남지 않는다는 게 이런 건가 싶었다.

중고등학교 시절 그렇게도 공부를 하고 싶었으나 책을 볼 수 없었던 그 아쉬움을 모두 보상받은 것 같았다. 이제 누구를 만나더라도 '공부에 아무런 후회도 미련도 없어요.'라고 자신 있게 말할 수 있을 것 같았다. 하늘을 날아갈 것 같았고, 가슴에 손을 대면 몸이 만져

지지 않을 것처럼 마음이 가벼웠다. 마치 잃어버린 구슬 주머니 속 구슬 몇 개는 찾은 듯했다. 그리고 학창 시절 상처도 상당 부분 치유 받은 느낌이었다.

아침을 먹고 나서 가벼운 마음으로 방에 들어가 보니 지난밤 채점하다 만 답안지가 눈에 들어왔다. 이미 망쳤지만 그래도 결과는 확인해봐야겠지. 2교시부터 채점해보았다. '어라, 수학은 다 맞았네. 음, 영어도? 어라, 과학탐구도. 뭐야, 이거? 그럼 총점이 몇 점이지?'

전혀 예상하지 못한, 생각보다 너무 좋은 점수가 나왔다. 언어 영역에서 역대급으로 폭망했다고 생각했는데, 다른 모든 과목에서는 너무나도 감사한 결과가 나왔다. 그런데 그런 점수를 받아 들고도 이상하리만큼 마음에서 아무런 동요가 없었다. 점수는 점수일 뿐, 난 이미 나 자신에게 온전히 만족하고 있었으므로.

서울대학교 지리교육과 입학

2000학년도 서울대학교 사범대학 지리교육과에 정시로 지원했다. 교육학과와 심리학과 중 끝까지 고민하다가, 현실적인 이유로 (IMF 직후였고 서른에 가까운 나이였기에 교사라는 직업을 의식하지 않을 수 없었다.) 사범대에 지원했다. 처음엔 교육학과에 지원하려 했으나, 교과 교육 과목을 전공해야 교사 자격이 나오는 것으로 오해하였으므로 교과 교육 과목 중에서 학과를 선택해야 했다. 2년간 수능을 준비하며 언젠가 기회가 되면 원 없이 여행을 다니고 싶다는 생각을 자주 했었기에, 여행과 교육의 접점에 있는 지리교육과에 지원하기로 마음먹었다.

예정된 합격자 발표일을 이틀 앞두고, 버스를 타고 종로 교보문고에 가는 길이었다. 그런데 어떤 건물 전광판에 속보로 '오늘 12시 서울대학교 합격자 발표'라는 문구가 크게 뜨는 것이 아닌가. 그것이 속보로까지 뜰 내용인지는 모르겠지만, 아무튼 그랬다. 아직 이틀이나 남았다고 생각하고 있다가 깜짝 놀라 버스에서 내렸다. 그리고 근처 공중전화부스에 가서 합격자를 확인했다. 10초간의 침묵… 그리고 들려오는 소리. "축하드립니다. 2000학년도 서울대학교 지리교육과 정시모집에 합격하셨습니다." 전화를 끊자 옆에서 누군가 축하한다고 말을 걸어 주었던 것 같다. 아마도 수화기 너머에서 나온 소리를 들었나 보다. 아니면 내가 혼자 외치는 소리를 들었는지도….

합격 전화를 듣고도 믿을 수 없었다. 그래서 그 자리에서 어머니와 누나들에게 합격 소식을 전한 다음, 서울대학교로 달려갔다. 그 당시 서울대학교는 합격자 명단을 출력해서 대운동장 응원석 벽에 붙여두었다. 그래서 눈으로 합격 사실을 다시 한번 확인할 수 있었다. 어머니와 함께 눈 내린 교정에서 대운동장 벽에 걸린 내 이름을 확인하고서야 비로소 합격을 믿을 수 있었다.

황금 잉어와 붕어

그날 집으로 돌아오는 길, 집 앞에 늘 있던 설탕 과자 뽑기 손수레가 보였다. 손수레에 각종 동물 모양의 설탕 과자를 만들어두고, 1번부터 100번까지 숫자가 적힌 번호판 위에 동물 이름을 걸어 둔 후, 번호를 뽑아 그 번호 위에 동물 이름이 있으면 해당하는 설탕 과자를 받는 뽑기 게임 말이다. 초등학교 졸업 후엔 해본 적이 없었지만, 그 순간 갑자기 하고 싶어졌다. 그래서 아저씨에게 천 원을 주고 뽑기 게임을 두 번 했다. 그런데 놀라운 일이 일어났다. 첫판에 '황금 잉어'가 걸린 것이다! 황금 잉어는 설탕 과자 중 최고 상품이었다. 당연히 당첨도 가장 어렵다. 30cm가 넘는 엄청난 크기에 만들기도 어려워서 실제로 당첨되는 사람을 본 적은 없었다. 아저씨에게 "저 황금 잉어 당첨되었어요."라고 말하니, 아저씨가 "벽에 있는 저거(30cm짜리 물고기 모양 설탕 과자)는 황금 잉어가 아니라 붕어예요, 붕어. 황금 잉어는 이거예요."라면서, 손바닥만 한 물고기 설탕 과자를 주는 것 아닌가. 약간 당황했지만, 그날은 어떤 일이 일어나도 화가 나지 않는 날이었다. "그래요? 그럼 남은 한 판 더~!" 한 번 더 뽑았고, 이번에 내 손에 들린 번호표에는 '붕어'가 걸려있었다. "이럴 수가…." 아저씨는 망연자실한 표정을 짓고 있었다. 30cm짜리 커다란 물고기 과자를 '붕어'라고 말했는데, 내가 또다시 '붕어'를 뽑아버렸으니 이제 변명의 여지가 없는 상황이 되어버린 것이다. 그래서 나는 30cm짜리 붕어과자와 손바닥만 한 황금 잉어 과자를 안고 집에 돌아왔다.

아마 그날 나는 무엇이든 할 수 있었고, 무엇이든 될 수 있었을 것이다. 누구에게나 그런 날이 한 번씩은 있기 마련 아닌가. 내가 마법사가 된 것 같은 그런 날 말이다. 그날 하루, 난 세상을 창조하는 마법사였다.

무시무시한 동생들

2000년 3월 서울대학교에 입학했다. 믿을 수 있겠는가? 학습 부진으로 학업을 포기했던 내가 서울대학교 입학이라니! 입학식에서 만난 모든 게 아름답게 보였고, 매 순간이 행복했다. 그렇게 구름 위를 걷는 듯한 기분으로 일주일가량 보내고 나자, 서서히 냉정한 현실들이 눈앞에 보이기 시작했다. 지리교육과에 함께 입학한 동기는 모두 23명이었는데, 적게는 여덟 살에서 많게는 열 살까지 어린 동생들이었다. 학교에서 만난 대학원생 조교들도 대부분 나보다 어렸고, 심지어 강사님 중에 나와 나이가 같은 분도 계셨다. 지금은 중국에서 멋진 교수님으로 지내고 있는 막내 여학우 선화와 얼마 전 미국에서 귀국한 막내 남학우 인수는 특히 어려 보여서, 이들로부터 '오빠', '형'이라 불리는 게 너무 어색해 한동안 피해 다니기도 했다. 지난가을에 인수가 우리 사무실에 방문했었는데, 직원분이 나에게 "변호사님, 아드님이랑 같이 방문하셨어요?"라고 물어봐서 잠시 현타가 왔던 적이 있다. 시간이 흘러도 아무리 노력해도 극복하기 쉽지 않은 것들이 있나 보다.

10살 차이라니…. 그때 난 어떻게 하면 나이 차이를 극복하고 동기들과 잘 어울릴 수 있을까 심각하게 고민했다. 게다가 동기의 절반은 여학생이었다. 남중, 남고, 군대 그리고 공대를 다녔던 나에게 이렇게 많은, 그리고 어린 여동기들은 학교생활을 낯설게 만드는 또 하나의 현실이었다.

동기 중에는 고등학교를 일등으로 졸업한 동생들이 다수 있었다. 외고 졸업생과 비평준화 지역 명문 고등학교 졸업생도 있었고, 다들 공부로는 누구에게도 뒤지지 않을 녀석들이었다. 서울대학교에서 첫 수업은, 사범대 신입생 백여 명이 함께 듣는 〈교육의 이해〉라는 교직 과목이었다. 담당 교수님은 몇 년 후 박사과정 지도교수님이 되어 주신 분이셨다. 똑똑한 동생들이 백 명이라니…. 난 더욱 위축될 수밖에 없었다. 어린 백조들 속에 있는 다 큰 못난 오리 한 마리 같은 느낌이었다. 그 무렵 정말 잠이 오지 않는 날들이 계속되었다. 나를 스스로 증명해보고 싶다는 생각에 수능 시험에 도전하긴 했는데, 얼떨결에 서울대를 와 버렸으니, 과연 내 어쭙잖은 벼락치기 실력으로 이 친구들을 상대할 수 있을까. 한숨이 절로 나왔다.

How old are you?

이러한 걱정은 〈대학 영어〉 수업 시간에 현실이 되었다. 첫 수업 시간에 영어로 돌아가며 서로 인사하는 시간이 있었는데, 난 상대방에게 나이를 물어보고 싶었다. "How much is your age? 아니,

아니. What이라 해야 하나….” 더듬거리며 말하는 것을 듣고 있던 상대방 학생은 얼굴을 찌푸리더니 “Age? how old?”라 되묻는 것 아닌가. 아, 맞다! ‘How old~’라고 물어봐야 하는 거지…. 하지만 이미 때는 늦었고, 그때 그 학생의 눈빛은 지금도 잊을 수 없다. 아마 나라도 그러했으리라. 저 정도의 영어 문장은 실력의 문제라기보다는 중학교를 정상적으로 졸업했는지의 문제 아니겠는가. 그 친구인들 서울대학교에서 나 같은 영어를 쓰는 사람을 만나리라고 꿈에라도 생각할 수 있었겠는가. 기초가 부족한 나는 이렇게 순간순간 한계를 드러낼 수밖에 없었다.

첫 수업을 마치자마자 대학 영어 수강을 곧바로 취소한 후, 내가 지금 여기서 무엇을 해야 하는지 진지하게 고민하기 시작했다. 그리고 오래 지나지 않아 결론을 내렸다.

‘살아남자~! 쪽팔리지 않으려면….’

서울대학교는 더 이상 낭만과 감탄의 대상이 아니라 생존이 목적인 정글이 되었고, 난 내가 이곳에 있을 자격이 있다는 것을 스스로 증명해야 했다.

강을 건너면 배를 버리고, 새롭게 말로 갈아타야 한다. 내가 스스로 노력했던 모든 방법은 수능 시험을 위한 것들이었다. 이제 수능은 끝났으니 나를 여기까지 데려다준 배는 버려야 한다. 다시 원점으로 돌아가서 살아남기 위한 기술을 익혀야 한다. 나에게 가장 어울리는 말을 선택해 길들이고 잘 키워 이 들판을 가로지르리라.

그렇게 내 삶의 다음 라운드가 시작되고 있었다.

제3장
새로운 바다, 새로운 항로

서울대학교가 나를 놀라게 만든 두 가지

새롭게 대학교 새내기가 된 후 많은 것들에 적응해야 했다. 형광색으로 머리를 염색한 어린 동기들의 모습부터, 막 대중화되기 시작한 휴대폰까지. 동기들과 노래방에 가기 위해서는 당시 유행하던 노래들도 새로 배워야 했다. 어떤 것들은 매우 낯설기도 했지만, 대학 생활이 처음은 아니었기에 완전히 새로운 것은 없었다. 어느 대학에서나 볼 수 있는 강의실과 도서관, 그리고 생기 넘치는 표정으로 분주하게 다니는 학생들. 그런데 첫 중간고사 무렵, 난 이곳 서울대학교에서 두 가지 놀라운 점을 발견하게 되었다.

첫 번째는 중앙도서관이 몹시 크고 장서가 어마어마하게 많다는 것이었다. 중앙도서관은 개가식 도서관이었기에 책을 찾기 위해서는 직접 서고에 들어가야 했는데, 처음에는 서고에서 밖으로 나오는 길을 찾지 못해 같은 곳을 두세 번 뱅뱅 돌기 일쑤였다. 익숙해지기 전까지 한동안은 도서관에 갈 때마다 입구에 있던 간이 지도를 보고, 출입구 번호와 길을 외우고 다녀야 했다. 중앙도서관에는 특유의 오래된 책 향기가 가득했는데, 난 그 향을 맡으며 책꽂이 사이를 천천히 걸어 다니는 것이 좋았다. 중앙도서관의 서고에는 책을 볼 수 있도록 책상과 의자들이 중간중간 놓여있었다. 어린 동기들을 대하기 어색했던 첫 학기에 강의가 없는 시간이면 그 도서관 책상에 앉아 생각에 잠기곤 했다. 그럴 때면 마치 위대한 학자들 사이에 앉아있는 것 같은 착각에 빠지곤 했다. 그 느낌이 좋아 보지도 않을 책을 쌓아놓고 괜히 설레곤 했다. 그렇게 중앙도서관은 학교에서 내가 가장 즐겨 찾는 곳이 되었다.

두 번째 놀란 것은 교양과목 수업이었다. 과거에 다니던 대학은 이공계로만 구성되어 있던 학교였는데, 그때 교양과목은 주로 대학수학, 일반화학 같은 이공계 과목들이었다. 이들 과목은 교양이라기보다는 사실상 전공 기초에 가까운 과목들이었다. 전공과 무관한 순수한 교양과목이나 인문 · 사회계열 수업은 찾아보기 어려웠다. 그리고 90년대 초반에 인문 · 사회계열 교양은 운동권 선배들에게서 배우는 것이었지, 학교 수업에서 배울 수 있는 성질의 것이 아니기도 했었다.

그러다 보니 서울대학교 1학년 때 사실상 처음으로 여러 교양과목을 선택해 듣게 되었다. 대부분 전공과 무관한 수업이었고, 처음 들어보는 낯선 과목들이었다. 새로 들어온 대학이니만큼 호기심도 있었고, 스스로 서울대학교 수업을 들을 자격이 있다는 것을 증명하고 싶어 나름대로 열심히 들으려 했던 것 같다. 그리고 당시 동기들을 편하게 대하기 어려워 일부러 동기들이 잘 듣지 않는 교양과목만 골라 선택하다 보니, 대부분 과목을 혼자 듣게 되었다.

1학년 때 신청했던 교양과목은 〈예술과 사회〉, 〈종교와 문화〉, 〈우주의 진화〉같은 수업들이었다. 해외 유학을 마치고 갓 대학에 부임한 삼십 대, 또는 사십 대 초반의 젊은 교수님들이 주로 맡아서 강의하셨다. 대부분 의욕과 열정이 넘치셨고, 학부 학생들 앞에서 약간 긴장하시는 것 같기도 했다.

전공, 성별, 공부했던 나라도 모두 다르지만, 교수님들에게는 한 가지 공통점이 있었다. 자신의 분야에 대한 열정이 넘쳤다는 점이다. 교수님들은 한 학기 동안 다른 과 전공 학생들에게 자신이 십 년 넘게 공부한 그 학문의 정수를 모두 알려주기 위해 무던히도 애쓰셨다. 이름은 기억나지 않는 〈예술과 사회〉 교수님은 삼십 대 여교수님이셨는데, 고대 그리스 미술에서부터 20세기 살바도르 달리의 작품에 이르기까지 그 긴 역사 속의 서양 미술 사조를 하나의 실처럼 끊어지지 않는 흐름으로 이어가셨다. 전혀 관련이 없어 보이던 다비드 조각상과 달리의 늘어진 시계가 현실과 이상을 오가며 의미를 드러내고자 하는 예술가들의 의식의 흐름이라는 하나의 주제로 연결되곤 하였다. 처음 듣는 어려운 이야기들과 너무 많은 것을 알려주시려는 열정 때문에 수업을 따라가는 것이 무척 힘들었지만, 그래도 그 순간은 진심으로 행복했다.

한 학기라는 시간 동안 최고의 학자가 평생 공부한 내용을 전달하려면 당연히 그 학문의 정수 중의 정수, 핵심 중의 핵심만 가르칠 것이 아닌가. 이 얼마나 멋진 일인가! 1학년 때 인문 · 사회계열 교양과목 수업들을 들으면서 진지하게 결심했었다. 최대한 배우리라.

십 년 동안 교수님들이 공부한 그 학문의 정수를 몇 달의 노력으로 내 것으로 만들 수 있다면, 노력해서 배우지 않을 이유가 어디 있겠는가? 기왕 늦게 들어온 대학, 최대한 넓게 그리고 깊게 배워보자.

그때부터 난 전공과목 수업보다는, 주로 교양과목 수업이나 다른 학과에서 개설된 개론 과목에 관심을 가지고 최대한 폭넓게 수업을 들으려 노력했다. 4년 동안 전공과목 수업이 없을 때면 항상 종교학과, 미학과, 언론정보학과 등 인문 · 사회대학을 돌아다니며 수업을 듣고 학생들과 토론하며 시간을 보냈다. 그리고 그렇게 여러 학과 수업을 들으며 돌아다닐 때 나에게 큰 힘이 되었던 곳은 역시 중앙도서관 서고에 있던 넓고 낡은 책상이었다.

1학년 겨울방학과 '책 읽는 법'의 발견

대학에 다니며 예술과 미학, 종교와 문화, 천문학과 지리학, 음악과 미술, 이 모든 분야에서 최대한 많은 것을 듣고 느끼고 자극받고 싶었다. 어떤 이는 나에게 '대학교 1학년생이 왜 그렇게 교양과목을 목숨 걸고 공부하느냐' 묻기도 하였다. 하지만 나에게는 그렇게 하지 않을 이유가 전혀 없었다. 지나온 시간이 아까웠고, 처음 접하는 인문 · 사회학은 너무 매혹적이었다. 위대한 서사들은 언제나 웅장했고 젊은 학자들의 열정은 가슴을 뜨겁게 달구었다. 읽어야 할 책이 많았고, 나에게 주어진 시간은 너무 짧았기에 더 많은 책을 읽지 못하는 것이 안타까울 뿐이었다. 물론 여전히 치유되지 않은 독서에 대한 내면의 어려움도 남아있었다. 이것은 때때로 여름날의 소나기처럼 찾아오곤 했었다. 다행인 것은 대학에 다니는 동안 책 읽기가 어려울 때는 굳이 읽지 않아도 해야 할 다른 일들이 많았다는 것이었다. 그렇게 서서히 책을 읽는다는 것에 대한 거부감과 두려움을 극복해 가며 1학년 겨울방학을 맞이했다.

1학년 겨울방학은 난생처음 가져보는 완전한 휴식이었다(여름방학에는 TEPS 시험을 준비하느라 정신이 없었다). 취업 걱정도 시험 준비도 없이 온전하게 자율에 맡겨진 시간. 그 긴 휴식 시간 중에 가장 마음 편하게 찾았던 곳 역시 학교 중앙도서관이었다. 고등학교를 같이 졸업한 또래들은 모두 대학을 졸업하고 취업한 후였고, 새로운 동기들은 여전히 어려웠으며, 방학이라고 집에만 있기에는 서른이라는 나이가 마음에 걸렸다. 그래서 나는 학교 도서관에 가서 '어떻게 읽을 것인가?'라는 주제로 매일 고민을 거듭했다.

인문 · 사회학 과목에서는 읽어야 할 책들이 상당히 많았다. 그리고 책을 읽는 데 대한 심리적 어려움(가끔은 구토증세까지도)도 여전했다. 또 하나의 문제는 영어였다. 많은 수업이 영어 원서를 교재로 삼고 있었고, 레퍼런스들도 상당수는 영어 원서였다. 그런데 당시의 내 영어 실력으로 원서를 읽고 수업을 준비하기에 다소 어려움이 있었다. 다행히 교수님들은 대부분 국내에 번역서가 있는 책을 주교재로 선택하셨기에 번역서를 구해서 공부하는 것이 어렵지는 않았다. 그런데 이러한 상황은 내 자존심을 상당히 구겨놓았다. 그러나 어찌한단 말인가. 이게 내 실력인 것을. 그래서 그때 한 가지 결심을 했다. '원서를 읽지 못하는 상황이면 대신 번역서와 국내 저자가 쓴 책 한 권을 더 읽겠다.' 알량한 나의 자존심은 그렇게라도 해야 위로가 되었다. 그러다 보니 앞으로는 더욱 많은 책을 읽어야 한다는 중압감을 느끼게 되었고, 어떻게 해야 책을 효율적으로 읽을 수 있을지는 나의 가장 큰 고민이 되어 있었다.

어떻게 읽을 것인가

처음에는 도서관에서 찾은 속독법 책을 읽어보았다. 그런데 도저히 이해가 가지 않았고 나와는 맞지도 않았다. 공부법과 독서법을 소개한 책들도 여러 권 읽어보았다. 부분적으로 도움이 되는 것도 있었지만, 전체적으로 내 것으로 하기에는 어려움이 있었다. 도서관에서 찾은 공부법과 독서법은 대부분 한 가지를 전제하고 있었다. 그것은 바로 놀라운 집중력이 필요하다는 것이었다. 그런데 책을 읽는다는 것 자체에 두려움과 심리적 장벽이 있던 나에게 고도의 집중력이 전제된 공부법과 독서법은 적합하지 않았다. 결국, 스스로 독서하는 방법을 만들어보자 생각하게 되었다. 독서의 목적은 사람마다 다를 것이고, 나에게 맞는 독서법은 책 읽는 목적과 과거 책 읽는 습관에서 찾을 수 있지 않을까 하는 생각이 들었기 때문이다. 그래서 난 1학년 때 들었던 교양과목들인 〈예술과 사회〉, 〈종교와 문화〉, 〈우주의 진화〉 교과서와 레퍼런스들을 쌓아두고 모든 책을 '거꾸로(Flipped)' 읽어보았다. 즉 한 학기 수업을 마치고서 알게 된 각 교과목의 핵심 주제를 바탕으로, 그 핵심에 다가갔던 길들을 거꾸로 복기해가며 교과서와 레퍼런스를 살펴보았던 것이다. 이 과정에서 책 읽는 방법에 대한 몇 가지 아이디어를 얻게 되었다.

이러한 아이디어 중에서 많은 부분은 수능 시험에서 경험했던 방법을 바탕으로 하였기에, 이 방법들이 나에게 잘 맞을 것이라 가정하였다. 그리고 아이디어를 계속 발전시켜 나갔다. 학년이 거듭될

수록 성격이 다른 새 교과목을 만나고 개성이 다른 여러 교수님의 수업을 들으며 처음에 생각했던 아이디어도 계속 변형시켜 개선해 나가야 했다. 시간이 지나며 나의 아이디어는 조금씩 완성도를 더해갔고, 지금은 하나의 독서법이라 부를 수 있는 정도에 이르렀다고 생각한다.

효율적인 독서법

내가 대학에서 경험하고 정리한 공부법은 '책을 효율적으로 읽고, 여러 권의 책을 효율적으로 정리하는 방법'으로 요약할 수 있겠다. 그리고 이 중에서도 핵심은 '책을 효율적으로 읽는 방법'에 있다.

내가 생각한 '책을 효율적으로 읽는 방법'은 '책을 거꾸로(Flipped) 읽는 것'이다. 즉 책을 앞에서부터 차례로 순서대로 읽는 것이 아니라, 책에 대한 아무런 사전지식 없는 상태에서 책의 주제와 목적에 대한 선입관 같은 일종의 이미지를 만들어 두고 과연 이 책이 내가 생각한 주제와 목적에 맞는 책인가를 생각하며 읽어나가는 것이다. 그리고 이때 이미지(또는 선입관)를 어떻게 만드는가가 이 독서법의 핵심에 해당한다. 지도의 예를 들어 설명하면, 목적지와 내가 있는 곳이 모두 표시된 지도를 가지고 두 곳 사이의 거리를 계속 살펴보며 길을 찾아가는 것에 비유할 수 있다. 이때 책의 진짜 주제와 목적은 지도 위의 목적지에 해당하고 내가 가졌던 책에 대한 이미지는 내가 지금 서 있는 곳이 된다. 실제 목적지와 멀리 떨어져 있더라도 상관없다. 정확한 지도만 있으면 결국 목적지까지 찾아갈 수 있지 않겠는가. 그리고 어떤 경우라도 지도 없이 무작정 목적지로

향하는 것보다는 더 나을 것으로 생각했다.

또 다른 예를 들어보겠다. 새로 개봉하는 영화 소개를 보면 대부분 간략한 도입부 줄거리와 등장인물 소개가 나온다. 이런 도입부 설명과 등장인물 정보는 영화에 대한 흥미와 집중을 강화해 주지 않는가. 책 읽기도 마찬가지라고 생각한다. 난 책에 대한 약간의 정보를 통해 그 책에 대한 흥미와 집중력이 강화되기를 희망했다.

이러한 거꾸로 독서법은 많은 책을 빠르게 이해하고 정리할 수 있도록 해 주었고, 좋은 성적으로 대학을 졸업하는 데 큰 힘이 되어 주었다. 난 이 방법을 계속 발전시켜서 대학원과 변호사 시험에도 응용했었다. 그리고 지금도 여전히 이를 개선시켜 나가며 활용하고 있다.

숨겨진 1인치, 창의적인 레퍼런스

1학년을 마치면서 성적표를 두 번 받았다. 그런데 조금 이상한 점이 있었다. 주변에서 정말 완벽한 기말고사 성적과 리포트를 제출했음에도 성적이 'B+~A-' 정도에 머무는 학생들이 많았다는 것이다. '도대체 A+는 누가 받는 거야?'

난 매 학기가 끝나면 교수님들에게 피드백 이메일을 보내곤 했다. 내 답안과 리포트에서 부족한 점을 물어보고 개선하기 위해서였다. 그리고 그 과정에서 정말 정말 우수한 학생들은 우수한 답안 외에도 한 가지 특징을 더 가지고 있다는 것을 알게 되었다. 바로 '창의성'이었다.

학생인 내가 아무리 우수한 답을 제시한다고 하더라도 교수님의 지식과 정보를 넘어서기는 어렵다. 교수님에게 인정받기 위해서는 교수님들이 미처 생각하지 못한 '그 무엇'을 보여주는 수밖에 없다. 그리고 이렇게 다른 그 무엇을 보여주는 학생들만이 가장 우수한 성적을 받아 갔다.

그래서 난 어떻게 나만의 '창의성'을 개발해서 교수님께 '그 무엇'을 보여줄 수 있을지 고민을 이어갔다. 그리고 그때 내가 최종적으로 선택한 것이 바로 '창의적인 레퍼런스를 찾아 주제와 연결하기'였다.

창의적인 레퍼런스

과거 익숙했던 공대 수업들은 대개 수학을 베이스로 한 지식 암기와 문제 풀이가 중심이었다. 정답은 하나였고, 정답을 향해 가는 길은 언제나 대동소이했었다. 그런데 인문 · 사회계열 과목은 외워야 하는 내용이 공대 교과목에 비해 많지 않았다. 하나로 정해진 수학모델이나 정답도 없었다. 대신 시작과 끝이 하나의 서사로 이어졌고, 전체의 모습이 한 편의 그림처럼 어우러지며 그려졌다. 서사는 많은 암기가 필요하지는 않지만, 대신 서사를 설명하는 작고 많은 이야기를 포함하고 있었기에 이를 정확히 이해해야만 했다. 이들 작은 이야기들은 꼬리에 꼬리를 물고 이어졌기에, 읽고 이해해야 하는 것들이 점점 늘어났다. 그리고 수업은 이들 서사의 중심에 있는 교과서와 서사의 각 장을 설명하는 수많은 레퍼런스들로 구성되어 있었다.

첫 수업에서 교수님들은 보통 한두 권의 주교재(교과서)와 대여섯 권의 부교재(레퍼런스)들을 소개해 주었다. 수업은 주로 교과서 위주로 진행되었지만, 이를 제대로 이해하기 위해서는 레퍼런스의 도움이 필수적이었다. 이들 레퍼런스는 수업 주제를 보충 설명하거나 이해를 돕기 위한 경우가 많았다. 그런데 나는 이 레퍼런스들을 조금 다른 방법으로 이용해보았다. 즉 수업 내용과 아무 관련 없어 보이는 또 하나의 서사를 가져와서 이를 기존 수업 내용에 연결시키는 방법으로 수업 주제를 확장해 가는 것이었다.

〈신화와 역사〉라는 과목을 예로 들어보겠다. 이 수업에서 교수님이 제시한 레퍼런스들은 대부분 종교와 제례 또는 고대 미술사와 관련된 것들이었는데, 난 교수님이 제시한 레퍼런스 외에 영화 〈반지의 제왕〉과 〈스타워즈〉를 나만의 레퍼런스로 추가하였다. 그리고 두 영화 속 서사에 숨겨진 신분제에 대한 이야기를 풀어쓰며, 이 숨겨진 신분제 속에서 되풀이해서 나타나는 고대 제례의 상징을 재확인해보는 시도를 했었다. 이는 고대 역사 속 서사에 '현대적인 이야기(나만의 창의적인 레퍼런스)'를 더하여 해석한 것이었고, 결과적으로 더 나은 그리고 차별화된 나만의 퍼포먼스를 보여줄 수 있었다.

나는 수강하던 모든 수업에서 교수님들이 기대하지 않았던 '창의적인 레퍼런스'를 찾아서 이를 수업 주제와 연결시켜 해석하려는 노력을 반복했다. 그리고 이런 노력은 내 성적에서 아무리 열심히 해도 찾을 수 없었던 마지막 1인치를 가져다주었다.

암기, 여전히 높은 벽

책을 효율적으로 읽고 아무리 창의적인 레퍼런스를 찾는다 해도, 기말고사에서 이 정보들을 사용해서 답안을 작성하기 위해서는 결국 정리하고 암기하는 노력이 꼭 필요했다. 가급적 암기를 피하려 하였으나 완전히 배제할 수는 없었다. 그래서 어떻게 암기할 것인지를 계속 고민해야 했다.

대학에서 이루어지는 평가는 대부분 서술형으로 진행되었다. 이공계 전공과목 수업은 좀 다를 수 있으나, 인문 · 사회계열 수업과 자연계열 교양과목 수업들은 대부분 서술형으로 시험을 쳤다. 서술형은 한 학기 동안 배운 내용 중에서 중요한 부분을 답안지에 요약, 정리하는 것이었다. 이렇게 하기 위해서는 주교재와 중요 레퍼런스의 내용을 정확히 이해하고 암기하고 있어야 했다. 단순한 기계적 암기가 아니라 맥락을 가진 서사구조에 대한 암기라 할 수 있다.

한편 대학교 시험은 어떤 문제가 출제될지 예상하기 어려웠다. 한 학기 동안 배운 전체 내용을 한두 문제 또는 길어도 서너 문제 정도로 평가하므로 어느 부분에서 시험이 나올지 예상하는 게 쉽지 않았다. 그러다 보니 짧은 기말고사 기간에 그 과목 전체의 내용을 빠짐없이 공부해야 했다. 아주 약간의 강약 조절만이 가능했다.

나는 이를 위해서 '피라미드식 요약정리법'을 사용했다. 방법은 간단하다. 한 학기 동안 배운 내용을 주교재와 레퍼런스를 아우르며 전체적으로 한번 요약하는 것이다. 책과 노트 그리고 인터넷 자료를 포함하여 전체를 한번 요약한다. 이렇게 정리한 요약본을 몇 번 보고 난 후 이를 다시 반으로 요약한다. 그리고 이렇게 재요약한 것을 몇 번 보고 나서 이를 또 반으로 요약한다. 이 과정을 최종적으로 A4용지 한 장 이하가 될 때까지 반복했다. 특별한 경우를 제외하고는 세 번에서 다섯 번 정도 반복하면 대부분 A4용지 한 장으로 정리할 수 있었다. 나는 이렇게 요약된 '1차 요약본', '2차 요약본', 'n차 요약본'을 가지고 암기와 시험 공부에 활용했다. 물론 이 과정에서 디테일하게 암기해야 되는 고유명사나 숫자 등은 따로 정리해서 암기했다

이렇게 수업 내용을 반복 요약하는 과정에서 자연스럽게 여러 번 복습할 수 있었다. 그리고 그 과정에서 내용에 대한 이해가 점점 깊어졌고 자연스럽게 서사 구조가 암기되기도 하였다.

나는 이렇게 요약본을 여러 개 준비해 두고, 시험 기간이나 시험 종류에 따라 그에 맞는 요약본으로 반복해 공부했다. 예를 들어 기말고사 서술형 시험이라면 사흘 전에 1차 요약본을 보고, 이틀 전에 2차 요약본, 시험 당일에 n차 요약본을 본 다음 시험을 치렀다. 시

험 문제가 조금 디테일하게 나올 것으로 공지되었다면 반대로 n차 요약본을 먼저 본 후 1차 요약본을 마지막으로 보는 식으로 공부하기도 했고, 책 전체를 대상으로 하는 구술시험의 경우에는 n차 요약본만으로 시험에 대비하기도 했다.

이런 '피라미드식 요약정리법'은 대학 수업에서 시험에 필요한 암기를 효율적으로 하게 해 주는 것은 물론이고, 내용에 대한 종합적인 이해를 통해 이해력과 사고력도 크게 증진시켜 주었다.

드디어 대학교를 졸업하다

나에겐 너무 짧게 느껴졌던 4년이 지나고 서울대학교를 졸업하게 되었다. 서울대학교는 전체 수석을 선발하지 않고 단과 대학별로 성적이 가장 우수한 수석 졸업생 한 명에게 최우수상과 총장 메달을 수여한다. 너무 영광스럽게도 난 2004년도 서울대학교 사범대학에서 최우수상과 총장 메달을 받을 수 있었다. 입학할 때의 답답하고 막연했던 상황을 돌이켜 보면 믿을 수 없는 결과였다. 아마도 모든 것이 늦었던 내 삶에서 포기하지 않고 버텨준 것에 대한 작은 보답이 아닌가 하는 생각이 들어, 이 순간만큼은 스스로 무척 자랑스러웠다.

◆ 서울대학교 졸업식에서 총장상을 받던 모습

그리고 이 자랑스러운 순간이 지나면 또다시 새로운 바다로 출발하는 출발선에 서게 된다는 것을 알고 있었다. 하지만 이 출발선은 4년 전과는 다를 것이라 믿었다. 나는 지난 4년간 바다를 항해하는 방법에 대하여 많은 실험을 했고, 다행히 나에게 맞는 항법을 찾을 수 있었기에 앞으로 어떤 바다든 헤쳐나갈 수 있으리라는 자신감으로 가득했다. 나가올 미지의 항해에 가슴이 설레었다.

유학 준비와 어학연수

대학교를 졸업하고 본격적으로 유학 준비를 시작했다. 대학에 들어온 후 비교적 늦게 영어 공부를 시작했고, 학교 수업 때문에 영어에 많은 시간을 투자하지 못했기에 졸업 후 바로 유학을 가기에는 여러 어려움이 있었다. 그래서 서울대학교 교육학과 석사과정에 입학해서 계속 공부를 이어가며 유학에 필요한 영어 공부도 함께 준비해나갔다.

그 무렵 나는 교육행정가 또는 교육행정 전공의 교수가 되고 싶었다. 서울대학교에 처음 입학했을 때, 난 내 상황에 대한 답을 교육심리와 상담 같은 개인적인 부분에서 찾고자 했었다. 이 문제는 나의 가장 큰 관심사였기에 대학교에 다니는 동안 줄곧 고민하였고, 학교에서 관련된 세미나라도 열리면 아무리 바쁘더라도 꼭 참석하곤 했다. 이 과정에서 느낀 것은 우리 사회가 개인의 교육에 대한 지원이 의외로 풍부하고 이에 대한 연구도 많이 되고 있다는 점이었다. 그러나 그러한 지원과 연구들이 실제로 학생 개개인에게 전달되는 것은 또 다른 문제였다. 이는 사회의 시스템과 관련된 문제이며, 교육에 대한 국민 전체의 가치관과 관련된 문제이기도 했다.

결국, 나의 문제의식은 개인에서 사회로 옮겨갔고, 시스템으로써 교육문제에 접근하고자 하는 생각에 '교육행정 전공'으로 대학원에 진학하였다. 교육행정은 교육제도, 교육법, 학교경영, 교육재정 등 여러 하위 전공으로 구성되어 있었는데 난 그중에서도 교육제도와 교육법에 깊은 매력을 느꼈다.

대학원에서도 치열하게 살았다. 새로운 동료들, 새로운 과목, 그리고 논문이라는 거대한 벽. 대학원에서는 교과목에 매몰되기 보다는 많은 사람을 만나며 관심을 공유했고, 특히 영어 공부에 많은 시간을 쏟았다.

영어 공부는 만만치 않았다. 쓰기와 읽기 그리고 말하기는 어느 정도 실력이 늘었는데 듣기가 영 신통치 않았다. 외국인이 우리말로 '안녕하세요.'라는 인사말을 알고 있으면 누구에게든 인사말을 건네는 것 정도는 쉽게 할 수 있다. 그런데 이때 상대방도 똑같이 '안녕하세요.'라는 말로 답하리라는 보장은 없지 않은가? '반갑습니다.', '잘 지내셨죠.', '오랜만이에요.'와 같은 답변들을 모두 알고 있지 않다면 상대가 건네는 인사말을 듣더라도 바로 이해하지 못할 수도 있는 것이다.

내 영어가 딱 그랬다. 하고 싶은 말은 어느 정도 표현할 수 있었으나, 상대의 말을 이해하는 것은 쉽지 않았다. 이게 딜레마였다. 그런데 생각해 보면, 아이들은 듣기부터 먼저 하지 않는가! 어느 정도 듣기가 된 후 언어 실력이 비약적으로 향상되는 것이 자연스러워 보였다. 그래서 듣기 실력이 부족한 영어는 언제나 사상누각이 될 수밖에 없다고 생각했다. 결국, 나는 석사학위를 받은 후, 큰마음 먹고 어학연수를 하기로 결심했다. 서른다섯에 학위 유학이 아닌 어학연수를 떠나는 데엔 생각보다 많은 용기가 필요했다.

필리핀에서 6개월, 호주에서 6개월, 총 1년 예정으로 과감히 한국을 떠났다. 필리핀에서의 생활은 생각보다 힘들었다. 영어에 대한 스트레스를 먹는 것으로 풀다 보니 몇 달 만에 체중이 15kg나 불어나기도 했다.

필리핀으로 떠난 지 4개월쯤 지난 어느 날 평소처럼 인터넷으로 한국 기사를 검색하고 있었는데, '한국형 로스쿨 도입 결정'이란 기사가 눈에 띄었다. 로스쿨? 우리나라에서? 자세히 읽어보니 3년제 법학전문대학원을 도입하여 다양한 전공을 가진 학생들을 변호사로 교육한다는 것 아닌가. 즉 우리나라 법조 시스템을 선발이 아니라 교육을 통해서 법조인을 양성하는 방식으로 바꾼다는 소식이었다.

내가 대학원에 다닐 때, 교육학과에서 박사학위를 받은 선배가 다시 다른 국립대학 법학과 대학원에 입학하는 것을 본 적이 있다. 그 모습을 본 지도 교수님께서는 '무릇 학자가 되려면 저 정도의 열정과 헌신은 반드시 필요하다.'며 매우 칭찬하셨던 기억이 있다. 나도 한때 그 생각을 안 해본 것은 아니나, 서른다섯 살에 석사학위를 겨우 마친 내가 꿈꾸기에는 현실적으로 나이가 문제가 되어 포기했던 기억이 있었다. 그런데, 로스쿨이라. 어차피 교육제도와 교육법을 전공하기로 마음먹었었기에, 유학하기보다는 변호사가 되어 이론과 실무를 겸한 교육학자가 될 수 있다면 이 또한 좋지 않을까 생각했다. 그렇게 두 달 정도 고민하다가 과감히 진로를 바꾸어 유학준비를 접고 로스쿨에 도전하기로 마음먹었다.

큰 실패,
그리고 하늘이 준 단 한 번의 기회

로스쿨 입학 준비는 모든 게 어설펐다. 나뿐 아니라 우리 모두가. 처음 도입되는 시험이다 보니 어떤 문제가 어떻게 나올지 감을 잡을 수 없었다. 정부에서 법학 선행 지식은 시험 범위에 포함되지 않는다고 발표했으나, 일선 학원가에서는 믿을 수 없다는 분위기였다. 그 와중에 주위에서는 민법이라도 공부해둬야 한다며 법학서를 펼치는 학생들도 있었다.

그렇게 혼란스러운 로스쿨 입학시험을 치르고, 지원할 대학을 선택해야 했다. 대체로 학생들은 토익시험을 준비했고 서울대학교를 준비하는 학생들은 추가로 텝스(TEPS)를 준비해야 했다. 서울대학교 로스쿨에 지원하려면 텝스 701점 이상이 되어야 하는데, 난 그 해 뒤늦게 본 텝스에서 정확히 700점을 받았다. 1점 차이로 지원 자격 미달이었다. 허탈했다. 어찌 지원도 못 해보고…. 이렇게…. 아~ 또 영어구나….

서울대학교 로스쿨 지원을 포기하고, 서울 소재 사립대학 로스쿨

두 곳에 지원했다. 대학 성적과 영어 토익(TOEIC), LEET 점수 모두 나쁘지 않았기에 아마 한 곳 정도는 무난히 합격하지 않을까 내심 기대했다.

합격 발표일. 딱 한 벌 있던 양복을 꺼내 입었다. 오랜 친구 같던 중고 자동차에 컴퓨터와 겨울 옷가지들을 모두 쑤셔 넣고 혼자 합격자 명단을 조회해보았다. 그때 왜 그랬는지는 아직도 잘 모르겠다.

….
불합격
….
불합격

두 곳 모두 불합격이었다. 믿기지 않았다. 당연히 현실감도 없었다. 준비하던 유학도 포기하고 지원한 시험이었는데 불합격이라니…. 도대체 왜 떨어졌는지 알 수 없었다. 점수는 분명 나쁘지 않았다. 누군가는 나이가 너무 많기 때문이라 하고, 누군가는 법학 전공이 아니기 때문이라고도 했다. 그러나 어찌 알겠는가. 확실한 것은 내가 시험에 떨어졌다는 냉정한 현실뿐이었다.

'이 나이 먹고도 시험에 떨어지는 건 서럽구나….'
난 양복을 입은 채로 자동차를 몰고 정처 없이 길을 떠났다. 어디로 가는지도 모르고 아무 생각도 없었다. 이상하게도 눈물은 나지 않았다. 다만 내 모습을 아무에게도 보여주고 싶지 않았다. 차를 멈추면 누군가가 볼 것 같아 계속 차를 몰았다. 그렇게 다음날 새벽에 도착한 곳은 부산 해운대 바닷가였다. 나의 고향이다. 며칠 동안 부산에 머물며 모텔 밖으로 나가지 않았다. 중간에 모텔 주인이 방문을 두드린 적도 두 번 정도 있었다. 도저히 움직일 힘이 없었는데, 갑자기 가슴이 울컥해지곤 했다. 뭐가 그렇게 서러웠는지는 모르겠으나 아무튼 그때 느낀 감정은 서러움이었다.

며칠을 누워 있다가 갑자기 범어사에 가고 싶어졌다. 부산 범어사에 가서 태어나 처음 108배를 해보았다. 무엇이든 해보고 싶었다. 어떻게 하는지 몰라 옆에 있던 사람을 따라 했다. 그리고 갑자기 이상한 결심을 했다.

'오늘부터 108배를 해보자. 서로 다른 절에서 매일 108배를 해보자. 그렇게 서울로 올라가면서 108개의 절에서 108번 108배를 해보자.' 달리 할 것도 없으니 다른 생각은 하지 말고 108개의 절에서 108번 108배를 해보자는 결심. 왜 그런 생각을 했는지는 모르겠다. 그전까지 그다지 불교나 절과 친한 사이도 아니었는데 말이다. 그렇게 범어사에서 시작된 108배는 통도사, 해인사, 마곡사, 동화사 등 여러 절로 이어졌고, 2주 정도 지나 대전 어느 작은 절에서 108배를 올리고 있었다. 그런데 어느 순간 마음이 차분해지며 가벼워

졌다. 그리고 아주 간단한 생각이 떠올랐다.

'떨어졌으면? 다시 하면 되잖아?'

너무 간단한 답이 그렇게 어렵게 떠올랐다. 기왕 늦은 거 나이가 무슨 상관이랴. 떨어졌으면 내년에 다시 해보는 거지, 뭐. 생각이 거기까지 미치자 더는 시간을 허비하고 싶지 않았다. 그래서 그 길로 바로 차를 몰아 집으로 돌아갔다. 오랜만에 뵙게 된 부모님은 아무것도 묻지 않으셨다.

집으로 돌아온 다음 날, 오랜만에 서울대학교 중앙도서관으로 향했다. 이제는 재학생이 아니기에 출입할 수 있는 곳이 제한되어 있었다. 일반인을 위한 열람실에 앉아 한 시간가량 책을 보고 있는데, 갑자기 친구에게서 문자가 왔다.

"이동찬 선생님, 이거 좀 보세요."

나에게는 성인이 된 후 만난 은인 같은 친구가 몇 있는데, 그중 한 명이었다. 우리는 로스쿨 시험을 준비하며 처음 만났고, 둘 다 이번 시험에서 떨어졌다. 모 대학병원 내과 전문의였던 그 친구는 재도전하지 않고 다시 병원으로 돌아갔다. 그때 그 친구가 보낸 문자를 확인하고서 난 그 자리에서 얼어붙었다. 아니 온몸에서 짜릿한 전류 같은 것이 흘렀다.

'제주대학교 로스쿨 결원, 충원 2명 모집'

그해 전국 로스쿨 중 제주대학교에서 두 명의 결원이 발생했다는 뉴스였다. 일간 대중지에는 공개되지 않았고, 대학교 공지 사항 같은 곳에 공지되었다는 데 우연히 그 친구가 이를 보게 되었던 것이다. 어쩌면 하늘이 준 기회일지도 몰랐다. 그때 로스쿨에서는 법학을 전공하지 않은 나이 많은 수험생을 꺼린다는 루머가 퍼지던 때라 내년에 로스쿨에 다시 도전한다는 것이 다소간 두려운 것도 사실이었다. 그런데 올해 두 명이나 결원이라니. 이는 분명히 기회였다.

난 다음 날 바로 입학원서를 작성하여, 비행기를 타고 직접 제주도로 날아가서 제주대학교 입학처에 입학원서를 접수했다. 제주도민이 아닌데 직접 오는 경우는 없었다며 접수 담당 선생님은 놀라워하셨다. 그날 제주도는 하루 종일 짙은 안개가 끼어있어 다소 신비로운 느낌도 있었다. 원서를 접수하고 택시를 기다리는데, 시계를 보니 서울로 돌아가는 비행기 시간까지 네 시간가량 남아있었다. 난 택시를 타며 기사님께 자초지종을 말씀드리고, 기왕 제주도에 왔으니 잠시 둘러볼 곳 있으면 추천해 달라고 부탁드렸다. 내가 추천받은 곳은 제주대에서 가까운 관음사였다. 처음 본 관음사. 안개 낀 사원은 마치 이 세상이 아닌 피안의 공간 같았다. 육지에서 보던 절들과 달리 입구에서부터 좌우로 수십 좌(座)의 돌로 된 불상들이 줄지어 안갯속으로 이어지고 있었다. 무엇에 홀린 듯 그 불상들 사이에 난 길을 따라 안갯속으로 걸어 들어갔다. 안갯속에서 작은 푯말을 보았는데, '해월굴'이라 적혀있었다. 나중에 안 것인데 일제 강점기 관음사를 중창한 '해월당 봉려관 스님'이 수양한 토굴이라 한다. 사람이 서 있기조차 힘든 반 평가량의 토굴엔 손바닥만 한 부처님과 그 주위를 둘러싼 양초들이 어둠을 밝히고 있었다. 뭐라도 놓고 와야 할 것 같았다. 옷을 뒤지니 평소 공부할 때 쓰던 낡은 볼펜이 있었다. 난 그 볼펜을 부처님 앞에 두고 두 손 모아 속으로 말했다.

'부처님, 꼭 좋은 인연으로 다시 찾아올 수 있게 해 주세요.'

이주 뒤, 제주대학교에서 합격 소식이 들려왔다. 그리고 일주일 후 다시 찾아간 관음사 해월굴에서 부처님 옆에 있던 내 볼펜을 볼 수 있었다. 그렇게 관음사와 인연을 맺게 되었다.

◆ 관음사와 해월굴

이토록 아름다운 지옥에서

2009년 제주대학교 로스쿨에 입학했다. 총 40명이 입학했는데 나보다 나이 많은 형이 두 분 있었고, 내가 세 번째였다. 로스쿨 입학생은 대부분 법대를 나오거나 사법고시 1차에 합격했던 사람들이었다. 나처럼 법학 문외한은 아주 소수였다. 학교는 우리에게 많은 것들을 지원했고, 특히 다양한 스펙트럼의 학생들을 모두 만족시키는 데 무척 정성을 쏟았다. 그래도 어쩔 수 없이 커리큘럼만큼은 법대를 졸업한 학생 중심으로 짜여질 수밖에 없었기에, 민법과 형법도 구분하지 못했던 나는 광야에 홀로 버리진 아이 같은 심정이 들었다. 꾸역꾸역 버티며 첫 중간고사를 보았는데, 시험을 치고 나서 생각해 보니 이건 아닌 것 같았다. 4년을 법대에서 공부한 친구들에게 내 어찌 실력으로 비벼볼 수 있겠는가.

'아… 안 되겠다. 법학은 나랑 안 맞나 보다. 아니, 민법이라도 좀 더 공부하고 다시 입학하는 게 낫겠어'라는 생각이 들었다. 암기에 자신이 없던 나에게, 더욱이 태어나 법학을 처음 공부해보는 나에게 로스쿨에서의 공부는 지옥 그 자체였다. 3년간 여기에서 지옥을 경험하느니, 1년 더 늦더라도 민법을 한 번 선행 학습한 후 다시 입학하는 것이 좋을 것 같았다. 그래서 아무에게도 말하지 않고, 서울로 돌아갈 준비를 했다. 왠지 낙오하는 것 같아서 그 누구에게도 말하고 싶지 않았다. 지난 두 달은 지옥이었고, 난 이 지옥에서 하루라도 빨리 벗어나고 싶을 뿐이었다.

그렇게 내 방에 돌아와 짐을 싸고 있는데, 가만히 생각해 보니,
'그래~! 여긴 제주도였지!'

어차피 서울에 가면 다시 LEET와 민법을 공부하느라 정신없을 텐데, 기왕 제주도에 온 것 딱 일주일만 놀다 가자. 그렇게 생각하고 난 일주일간 낮에는 차를 타고 제주도 중산간을 돌아다니며 이름 모를 오름을 오르내렸고, 밤이면 애월 해변의 멋진 카페에서 혼자 맥주를 마시면서 아름다운 제주의 4월을 온전히 느낄 수 있었다. 그런데 그렇게 열흘가량 지내고 나니, 갑자기 마음속에서 모든 것이 가능할 것 같은 자신감과 편안함이 생겨났다. 어디선가 '힘들지만 한번 해보자.'라는 소리가 들려오는 것 같기도 했다. 지금까지도 충분히 잘해왔으니 이번 고비도 한 번 넘어보리라. 그렇게 제주도의 아름다움에 매혹되어 이 아름다운 지옥에 남기로 결심했다. 그때의 결심이 지금의 나를 만들었으리라. 확실히 제주도는 치유의 섬이다.

수험 생활을 마무리하며

로스쿨 3년은 항상 불안하고 두려웠다. 그러면서도 설렘과 흥분의 연속이기도 했다. 시험에서 떨어질까 불안했고, 이 나이에 변호사가 되지 못하면 뭘 해서 먹고살아야 할지 두려웠다. 그래도 새로 공부하는 법학은 큰 설렘을 주었으며, 함께 공부하는 동료들과의 일상은 온갖 즐거움과 흥분의 연속이었다. 생각지 못했던 여러 어려움도 있었지만, 그 모든 어려움보다 더 큰 동료들의 도움과 여러 교수님의 헌신이 있었고, 아름다운 자연과 힘들 때면 언제나 나를 품어 주었던 관음사가 있었다. 그랬기에 무사히 공부를 마치고, 3년 뒤 변호사 시험에 합격할 수 있었다. 그리고 스물일곱에 시작된 길고 길었던 나의 수험 생활을 드디어 마무리할 수 있었다.

끝내고 나니 처음 대학교를 중퇴하고 수능 시험을 계획했을 때 생각했던 것보다 수험 생활이 대책 없이 길어져 있었다. 그 긴 수험 생활에서 위기와 고비는 언제나 나와 함께였다. 돌이켜보면, 그 위기를 극복할 수 있었던 것은 나를 지탱해 준 가족과 좋은 친구들이 있었기 때문이었다. 긴 항해에 항상 지도와 나침반이 되어 주었던 모든 이들에게 무한한 애정과 감사의 인사를 드린다. 또한, 나의 경험이 다른 누군가의 항해에서 작은 도움이 되길 바라며, 나의 길었던 수험 생활 이야기를 여기에서 마무리하고자 한다.

2부

공부, 그 생각을 바꿔라 : 발상 전환 공부법

2부를 시작하며

2부는 3개의 장으로 구성되어 있다.

〈제1장〉에서는 성공적인 대학 생활에 꼭 필요한 공부법을 정리해 두었다. '거꾸로 독서법'을 중심으로 읽은 책을 요약정리하는 '피라미드식 요약정리법'을 함께 설명하였다. '책 읽는 방법'은 '읽은 책을 요약 정리하는 방법'과 동전의 양면 같은 관계에 있다고 생각되어 동일한 예시를 통해 이 두 가지를 나란히 설명하려 하였다. 다음으로 대학 공부에 필수적인 논리적 사고력을 배양하고 공부한 내용을 체계적으로 내면화하는 '랜덤 논리게임'과 '상상으로 설명하기', 그리고 대학교 학점 관리에 현실적인 도움을 줄 수 있는 '레퍼런스 끌어다 쓰기'를 차례로 정리해 두었다. 제1장의 제목을 "'성공적인 대학 생활'을 위한 공부법"이라 하였으나 독서를 통한 사고력과 문해력 증진에 초점을 두었으므로, 중고등학생 또는 오래전에 학교를 졸업한 성인 등 '책 읽을 줄 아는 사람'이라면 누구라도 활용하고 도움받을 수 있는 방법이라 생각한다.

〈제2장〉에서는 변호사 시험이나 공무원 시험 등을 준비하는 사람들에게 꼭 필요한 암기법, 동영상 강의 활용법 등 '시험 준비'에 도움이 되는 공부법을 정리해 두었다.

한편 당연한 말이지만 시험에서는 시험 외적인 전략과 대비가 꼭 필요하다. 그래서 〈제3장〉에서 직접 수능 시험과 대학원 입시, 변호사 시험 등을 준비하며 경험한, 시험에 필요한 여러 가지 전략과 생각할 점 등을 "공부법 보다 더 중요한 '공부 전략'"이라는 이름으로 따로 정리해 두었다. 특히 우리가 흔히 가지는 '열심히 한다는 것'의 고정관념에 대한 나만의 생각을 전하고 싶었다.

2부를 소개하며 약간의 긴장과 설렘이 함께 한다. 나의 혼을 갈아 넣어 개발한 공부법들이고 지금의 나를 만들어 준 공부법들이다. 열심히 소개할 테니 최대한 흡수해서 여러분의 자양분으로 삼아주기를 바란다.

제1장
'성공적인 대학 생활'을 위한 공부법

거꾸로 독서법

(Flipped Reading, by 자기구조화학습이론)

I. 거꾸로 독서법의 기초

대학교에서는 과목마다 보통 한 학기에 1~2권 정도의 교과서를 기본으로, 3~5권가량의 레퍼런스들이 제시된다. 이 정도 읽기를 바탕으로 각종 보고서와 발표 수업, 그리고 기말고사(또는 기말 보고서) 점수가 더해져 학기 말 평가가 이루어진다. 만일 여러분이 수업에 빠지지 않고, 기말고사에서 가장 우수한 답안지를 제출하고, 발표 수업과 기말 보고서에서도 완벽한 평가를 받는다면, 아마 여러분이 받을 수 있는 점수는 A0 정도가 한계일 것이다. 그리고 그 위에는 A+ 학점이 있다. 이상하지 않은가? 완벽한 퍼포먼스를 보였는데 그 위에 나보다 뛰어난 '다른 누군가'가 있다는 것이.

세상에는 다양한 사람들이 존재한다. 어느 수업이건 교수님의 예상치를 뛰어넘는 퍼포먼스를 보여주는 한두 명 정도의 '다른 누군가'는 있기 마련이고, 대개 이들이 가장 좋은 점수를 받아 간다. 자, 그렇다면 어떻게 해야 우리가 바로 그 '다른 누군가'가 될 수 있을 것인가?

Beyond the class

학교에서(사회에서도 마찬가지다.) 경쟁이 치열해질수록 상위권 변별력은 떨어지기 마련이다. 특히 대학교 수업에서는 교수님으로부터 제공받는 교과서와 레퍼런스 등의 정보가 동일하므로, 이를 모두 소화한 상위권 학생들의 퍼포먼스는 상향 평준화되기 쉽다. 이런 상황에서 나를 차별화하기 위해서는 말 그대로 수업을 넘어서는(Beyond the class) 퍼포먼스를 보여주어야 한다. 교수님이 기대하는 수준의 지식과 경험을 넘어서는 퍼포먼스를 보여주어야 '다른 누군가'가 될 가능성을 노려볼 수 있다는 말이다.

나는 그 방법을 레퍼런스에서 찾았다. 교과목의 기본 개념과 뼈대가 되는 교과서는 바꿀 수도 없고 바꿔서도 안 된다. 따라서 교과서만으로는 차별화가 어려우므로 나를 차별화할 수 있는 도구는 레퍼런스뿐이라고 생각했다. 교과서라는 뼈대에 풍부하고 창의적인 레퍼런스의 살과 옷을 입히는 것!

그런데 교수님이 제공하는 레퍼런스만으로는 예상 가능한 결과밖에 나오지 않을 것 같았다. 이 정도로는 결코 풍부하고 창의적인 퍼포먼스가 어려울 것으로 생각했다. 결론은 하나뿐이었다. 레퍼런스의 다양화. 교수님이 제공해 주신 레퍼런스가 아니면서 동시에 교과서의 내용을 풍부하고 창의적으로 만들어 주는 레퍼런스의 활용 말이다. 그리고 이러한 질(Quality)적 도약을 위해서는 충분한 양(Quantity)이 먼저 확보되어야 한다고 생각되었다. 그래서 난 교수님이 제공해 주신 레퍼런스 이외에 더 많은 책을 찾아 읽고 참고해서 더욱 참신하고 깊이 있는 결과물을 내놓기로 결심했다.

결국 난 읽기가 가장 중요하다는 결론에 도달했다. 최소한 기본 레퍼런스의 두 배 정도는 읽어야 할 것 같았는데, 이 말은 같은 시간에 지금보다 두 배의 책을 읽고 소화해야 한다는 것을 의미했다. 당연히 지금처럼 하면 안 되고, 새로운 방법을 찾아야 했다.

다소간의 시행착오가 있었지만, 다행히 대학교 재학 중에 나만의 '책 읽기 방법'을 찾을 수 있었다. 2년가량 노력해서 완성한 방법인데, 나는 이 방법을 '거꾸로 독서법(Flipped Reading)'이라는 다소 진부한 표현으로 부르고 있다. 그런데 이보다 더 나은 표현을 아직 찾지 못했다.

자, 우리는 지금 대학교에서 수업을 듣고 있고, 정복해야 할 과목이 하나 있다고 상상해보자. 교과목은 〈인간과 종교〉, 교과서는 마르치아 엘리아데의 『성(聖)과 속(俗)』이다. 교수님이 제시한 레퍼런스는 종교 관련 서적 3권이지만, 우리는 위의 교과서에 대해서 3~4권의 레퍼런스를 더 읽기로 결심했다. 우리는 석 달 동안 이 수업에 대한 주관식 시험을 치르고, 10페이지가량의 기말 보고서도 제출해

야 한다. 대학교에서 실제 수업을 듣는다는 기분으로. 그럼 시작해 보자.[2]

II. 거꾸로 독서법으로 교과서 읽기

: 거꾸로 독서법은 모든 책 읽기에 적용될 수 있지만, 여기에서는 대학교 교과서 읽기 과정을 통해 설명하겠다.

제일 먼저 교과서를 읽어야 한다. 교과서를 읽을 때는 다음에 읽을 레퍼런스를 미리 정해서는 안 된다. 레퍼런스는 무시하고 오로지 교과서 한 권만 읽기로 한다.

---

2 제가 대학 3학년 때 들었던 수업과 교재를 바탕으로 해서 각색한 내용입니다. 다소 어려울 수도 있으나, 대학생들을 위한 공부법이니만큼 실제 대학교에서 사용하였던 교재를 가지고 편집했습니다.

우리가 수업에서 어떤 책을 읽을 때면, 보통 먼저 책을 읽고 읽은 책을 요약한다. 하지만 여기서는 순서를 바꾸도록 하자. '먼저 요약하고, 책을 읽는다!' 잊지 말자. 거꾸로 먼저 요약하고, 그다음에 책을 읽는 것이다.

1. 제목 읽고 내용 요약하기

자, 이제 책을 열어보자. 그리고 제목만 보고서 내용을 요약해보자. 물론 여기서 요약은 추측과 같은 말이다.

〈『성(聖)과 속(俗)』 제목 읽고 요약하기〉

음… 제목이 '성(聖)과 속(俗)', 성스러움과 속된 것에 관한 책이겠군. 오케이~! 이 책은 성스러움과 세속적인 것을 정의하고, 그 범주를 묶거나, 경계를 설명한 책이겠다. 더 나아간다면 성과 속에 대한 각 문화권의 차이와 공통점을 나열하거나 비교할 수도 있겠고, 어쩌면 결론에 이르러 '성과 속은 결국 하나이다.'라는 조금 뻔해 보이는 내용으로 마무리될 수도 있겠다. 아 참, 그리고 책 중간에 '성스러움에 대한 작가의 정의'가 잘 드러난 부분도 있을 것이다.

2. 목차 읽고 내용 요약하기

이제 목차를 열어보자.

① 서론, ② 성스러운 공간과 세계의 정화, ③ 성스러운 시간과 신화, ④ 자연의 신성과 우주적 종교, ⑤ 인간의 실존과 성화된 생명, ⑥ 연대기적 고찰, ⑦ 엘리아데 연보, ⑧ 참고문헌, ⑨ 찾아보기

연대기와 참고문헌을 포함하면 총 여덟 개의 장으로 구성되어 있다. 이제 목차 제목만 보고 각 목차의 내용을 요약해보자. 이 책은 연습을 위한 것이니까 편의상 1장부터 3장까지만 요약해보는 것으로 한다.

〈『성(聖)과 속(俗)』 목차 읽고 요약하기〉

1. 서론

'성' 즉 성스러움과 '속' 즉 세속적인 것의 정의를 다루고 있다. 그리고 성스러움과 세속적인 것에 대한 우리의 편견도 다루고 있다. 성스러움이란 무엇인가. 종교의 유무에 따라 성스러움에 대한 관념은 다를 것이고, 문화권에 따라 성스러움과 세속적인 것의 구별도 다를 것이다. 요일을 정해 교회에서 예배를 드리는 사람에게는 성스러운 공간과 성스러운 시간이 보다 명확히 구분될 것이고, 신분제 사회에서는 성스러움이 특권적 신분과도 관련 있을 것이다.

2. 성스러운 공간과 세계의 정화
성스러움과 세속적인 것을 구분하는 가장 기본적인 방법은 공간의 분리이다. 고대 한반도에 존재했던 소도도 그중 하나이다. 현재도 성스러움을 인식할 수 있는 기본적 상징은 성당, 교회, 사찰 등의 공간이 아닌가. 태초에도 그러했으리라. 큰 나무와 거대한 바위 등 일상의 공간에서 다소 비껴 나간 공간은 고대 무당들의 영역이었을 것이다. 한편 태생적으로 성스러움은 인간이 인식할 수 없는 세계, 즉 사후세계에 대한 해석과도 관련이 있지 않은가. 그렇다면 성스러운 공간이 신성함과 더불어 죽음을 관장하는 공간이 된다는 것은 자연스러운 일이다. 그렇다면 모든 성스러운 공간은 아마도 "장례식"과도 관련이 있을 것이다.

3. 성스러운 시간과 신화
모든 인간과 문화는 신화를 가지고 있다. 신화는 인간 이전의 시대, 즉 신들이 만든 시대의 역사이다. 신화 속 시간은 인간이 세상을 오염시키기 전의 시간들이었을 테고, 대단히 성스러운 시간들이었을 것이다. 우리가 오래된 이야기 속에서 신화를 읽고 이를 불러내는 것은 가장 성스러운 시간에 대한 반추와 그리움 때문일 것이다.

(이하 생략…)

여기까지 엘리아데의 『성(聖)과 속(俗)』 '제목 읽고 요약하기'와 '목차 읽고 내용 요약하기'였다. 어떤가. 실망스럽지 않은가? 책도 보지 않고 책 제목만 보고 내용을 요약하고, 목차만 보고 내용을 요약하다니, 이 무슨 사기 같은 일이란 말인가? 맞는 이야기다. 그런데 이렇게 책을 읽기도 전에 미리 제목과 목차만 가지고 책 내용을 요약하고 추측하는 이유는 이제부터 제대로 책을 읽어나가기 위해서다. 여기에서는 독자들에게 설명하기 위해서 자세히 글로 적었지만 사실 손 글씨나 타이핑으로 일일이 따로 정리하면서 요약할 필요는 없다. 난 보통 책 목차의 여백에 내가 생각한 내용을 연필로 몇 줄씩 메모하는 방법으로 요약하곤 했다. 내용이 논리적이거나 앞뒤가 딱 떨어질 필요도 없다. 다만 반드시 하나의 완전한 문장으로 정리해야 한다. 비문이나 단어 요약이 아니라 하나의 완전한 문장으로 요약해야 본인의 생각이 정리되며, 다음 단계에서 제대로 활용할 수 있다. 제목 읽고 요약하기와 목차만 보고 요약하기는 5~10분 정도의 시간으로 정리한다.

3. 책을 스킵하며 내용 요약하기

이제 가볍게 스킵하며 책을 읽어보자. 스킵(Skip)의 사전적 의미는 '건너뛰다'이다. 스킵하면서 책을 읽는다는 것은 건성건성 건너뛰듯이 책을 읽는 것을 말하는데, 영어 독해 등에서 흔히 사용하는 방법이다. '스킵하며 내용 요약하기'는 대강대강, 건성건성 건너뛰듯이 책을 읽으면서 대략적인 줄거리를 파악하는 방법인데, 책을 정독하기 전에 스킵 읽기를 먼저 하면 책 읽는 속도와 이해도가 대단히 높아진다. 예를 들어, 영화를 보기 전에 대강의 줄거리와 배경 등장인물 등을 알고 가면 영화를 볼 때 내용 이해가 더 쉬워지고 몰입도가 증가하는 것과 같은 원리이다.

엘리아데의 『성(聖)과 속(俗)』은 230페이지가량 되는 책이다. 얇지도 두껍지도 않은 분량의 인문 서적인데, 이 정도라면 대략 10분, 길어도 20분을 넘지 않는 속도로 가볍게 스킵한다. 이미 목차를 보면서 책 내용을 요약해보았으므로 이렇게 가볍게 스킵하다 보면, 깊은 내용은 알 수 없을지라도 이 책이 무엇을 말하고 있는지에 대하여 생각보다 많은 내용을 파악할 수 있다.

이제 『성(聖)과 속(俗)』 내용을 가볍게 스킵하며 다시 요약해보자.

〈『성(聖)과 속(俗)』 스킵하며 내용 요약하기 〉

1. 서론

엘리아데는 종교의 다양성보다는, 모든 문명이 공통적으로 가지는 종교현상을 통해 인류의 '종교'와 '종교현상'의 본질을 설명하고 있다. 엘리아데가 관심을 가지는 것은 '인류는 신과 사후세계를 어떻게 인식하게 되었을까. 이러한 인식의 기원은 무엇인가', '이러한 종교적 사상들이 어떻게 인간의 철학 체계 속으로 스며들었는가', '종교적 인간은 무엇이고, 비종교적 인간은 무엇인가' 등이며, 이 책은 각 장에서 이러한 질문들에 대한 엘리아데의 연구 결과를 제시하고 있다.

2. 성스러운 공간과 세계의 정화

원래 인간이 살아가는 세상–속의 공간–은 모든 것이 균질하다. 균질하다는 것은 방향성이 없다는 것이고 방향성이 없다는 것은 중심이 없다는 의미이다. 그런데 성스러운 공간이 속의 공간에 들어서면서 중심이 생기고 방향성이 생겨나게 된다. 그리고 더 이상 공간은 균질하지 않게 된다. 종교적 인간은 공간을 균질하지 않은 것, 즉 성스러운 공간과 세속적인 공간으로 구분하여 인식한다. 종교적 인간은 왜 성스러운 공간과 세속적인 공간을 분리하는 것인가. 그것은 성스러운 공간은 인간이 신을 만날 수 있는 장소이며, 초월적인 세계로 나아가는 통로이기 때문이며, 종교적 인간에게만 허용된 곳이기 때문이다.

3. 성스러운 시간과 신화

신화는 세계와 인간의 기원을 설명하고, 성스러움과 속된 것을 연결하는 기능을 가진다. 시간은 되돌릴 수 없다. 그러나 종교적 인간은 종교의식을 통해 시간을 되돌릴 수 있는 것으로 인식한다. 즉, 거꾸로 시간 되돌리기를 통해 인간은 태초의 성스러운 시간을 경험할 수 있는 것이다. 이런 이유로 종교적 인간은 매년 정해진 시간에 갖가지 축제를 하며, 이를 통해 세상이 창조된 태초의 시간을 현실에서 드러나게 한다.

(이하 생략…)

자, 어떠한가. 목차만 보고 요약한 부분과 유사한 부분도 있고, 전혀 다른 부분도 있을 것이다. 얼마나 유사한가 혹은 얼마나 다른가는 전혀 중요하지 않다. 중요한 것은 스킵하며 빠르게 읽고 '완전한 문장'의 형태로 해당 파트의 내용을 요약해보는 것이다. 스킵한 내용을 요약할 때도 손 글씨나 타이핑으로 정성들여 요약할 필요 없다. 나 또한 각 파트의 첫 장에 대강 펜으로 요약한다. 많은 책이 각 파트의 첫 장에는 대체로 제목만 적어 두거나 아무 글자 없는 백지를 두고 있다. 난 주로 이런 여백에 파란색 볼펜으로 각 파트의 내용을 간단히 요약하거나 정리해 두곤 한다. 단 이때도 완전한 문장 형태로 정리해야 앞뒤의 생각과 비교해볼 수 있다. 한 가지 팁을 주자면, '스킵하며 내용 요약하기'를 할 때는 대체로 그 책에 나온 '주요 단어나 개념을 중심으로' 읽으려 노력하면 도움이 된다. 당연히 내용도 해당 파트의 주요 단어나 개념을 중심으로 요약하는 것이 좋다. 그리고 책 중간중간 중요하다 싶은 단어나 개념이 나오면 역시 파란색 펜으로 밑줄을 긋거나 간단히 표시해 두도록 하자.

'스킵하며 내용 요약하기'의 핵심은 빠르게 해당 파트의 내용을 이해하는 데 있으며, 이때 이해한 내용을 정리하는 방법은 개인마다 다를 수 있다. 너무 자세하게 정리하면 시간이 걸리고 피곤해지며, 너무 간략히 정리하면 내용이 와닿지 않는다. 결국, 몇 번 해보면서 자신에게 맞는 방법을 찾아가는 수밖에 없다. 하지만 걱정할 필요는 없다. 몇 번 연습하다 보면 생각보다 금방 자신에게 맞는 방법을 찾을 수 있을 것이다.

4. 꼼꼼하게 정독하고 정리하기

이제 마지막 단계다. 책을 처음부터 꼼꼼하게 정독하며 읽어보자. 여러분은 마치 이 책을 두 번 세 번 읽은 것 같은 편안함을 느낄 것이고, 더 중요한 부분과 덜 중요한 부분을 스스로 깨달으며 읽어 나가는 자신을 발견할 수 있을 것이다. 당연히 집중도와 이해도도 크게 높아질 것이다.

그리고 처음부터 꼼꼼히 끝까지 읽어 나가다 보면 알게 될 것이다. 내가 처음 제목과 목차만 보고 멋대로 요약한 것이 얼마나 엉터리인지. 꼼꼼히 읽어 나가다 보면, 내가 가진 선입관과 편견이 선명히 드러나고, 내 지식과 앎이 얼마나 얄팍하고 얕은 것인지 여실히 드러난다. 그리고 내가 알고 있던 것과 모르고 있던 것의 경계가 확연히 드러난다. 그 결과, 이 책을 통해 넓어진 사고의 범위와 깊이를 세밀하게 체험할 수 있게 된다.

그렇다. 바로 이렇게 책을 읽으면 '내가 알고 있다. 알 수 있다.'라고 생각했던 자신에 대한 오만과 편견을 거울처럼 드러내서 볼 수 있는 것이다. 그리고 이렇게 깨지고 헤쳐진 나의 오만과 편견은 책을 덮으면서 비로소 저자의 생각에 발끝 정도 미치게 된다. 이러한 과정을 통해 내가 알고 있던 것과 몰랐던 그리고, 새로 알게 된 것을 명확히 구분할 수 있게 되는 것은 덤이다.

꼼꼼하게 정독하기까지 마쳤다면, 각 목차 파트의 핵심 개념과 주요 내용을 이해했을 것이다. 스킵하며 읽고 요약한 것을 보면서, 여기에 핵심 개념을 정리하거나 주요 내용을 더해보자. 별 차이가 없으면 파란색 볼펜으로 작성한 기존 내용에 강조 표시만 해도 된다. 파란색 볼펜을 그냥 또 써도 되고, 다른 색 볼펜으로 차별을 두어도 된다. 스킵하며 읽기를 하며 요약한 내용이 잘못되었다면, 그 위에 두 줄을 그어 지움 표시하자. 어떻게든 자신이 가장 잘 이해할 수 있는 방식으로 각 파트의 내용을 최종적으로 요약 정리하면 된다.

이렇게 정리하다 보면 각 파트를 가장 잘 설명하는 제목 같은 것이 나올 것이다. 필수적인 것은 아니지만, 교과서 각 파트를 가장 잘 설명하는 제목이 머릿속에 떠오르면 이걸 내용 요약과 함께 옆에 적어 두자. 이처럼 꼼꼼하게 정독한 후에는 기존에 스킵하며 내용 요약하기 했던 것을 조금 수정하고 각 파트의 제목을 정하는 것만으로 내용 정리를 마무리할 수 있다. 이것으로 **교과서 거꾸로 읽기**가 끝났다.

우리는 흔히 비판적 읽기라고 부르지만, 이때 비판이란 과연 누가 누구를 비판하는 것일까? 다른 사람의 책을 비판적인 자세로 읽어 나가는 게 중요하다는 것은 누구나 알고 있다. 하지만 동시에 우리는 그 책을 통해(혹은 책의 저자를 통해) 나 자신을 비판적으로 바라볼 수도 있어야 한다. 위대한 영혼들의 책을 통해 자신의 오만과 편견을 깨닫고 얼마나 잘못 이해하고 있었는지를 알아가는 과정, 나는 이것까지 포함되어야(즉 상호 비판적 읽기가 되어야) 제대로 된 비판적 책 읽기라고 생각한다. 그리고 '거꾸로 독서법'은 이런 비판적 책 읽기를 위한 아주 좋은 방법이라고 추천하고 싶다.

: 참고 :

교육학에 '플립 러닝(Flipped Learning)'이란 개념이 있다. 학생이 수업 전에 온라인으로 수업과 관련된 문제를 미리 풀어보고 본 수업에 참여하게 하는 학습법이다. 처음 접하는 내용을 수업 전에 혼자서 미리 풀어봄으로써 교과 지식에 대한 약간의 이미지를 가지고 수업에 임하게 되는데, 이런 이미지(사전 형성 지식)들이 교과에 대한 이해도와 집중력을 높여준다고 알려져 있다. 스스로 어떤 이미지를 미리 만들고 이를 통해 실제 지식에 접근한다는 점에서 나의 독서법과 유사한 면이 있어, 나 스스로 나의 독서법을 '거꾸로 독서법(Flipped Reading)'라 부르고 있다.

Ⅲ. 거꾸로 독서법으로 레퍼런스 정리하기

거꾸로 읽기를 통해서 교과서 목차에 따라 내용을 정리하는 것은 그 자체가 교과서 이해를 위한 것이기도 하지만, 동시에 레퍼런스를 찾는 준비과정이기도 하다. 이제 교과서 읽기를 끝내고, 레퍼런스 찾는 법을 배워보자.

1. 레퍼런스 정리하기

제목 보고 요약하기–목차 보고 요약하기–스킵하며 요약하기–꼼꼼하게 정독하고 최종 정리하기까지 모두 마치면, 우리는 교과서의 '핵심 개념'과 '주요 내용'을 정리하고 이해했을 것이다. 이 핵심 개념과 주요 내용이 바로 레퍼런스 찾기의 나침반이 된다. 즉, 우리는 핵심 개념과 주요 내용을 더욱 깊이 설명하고 풍부하게 만들어 줄 레퍼런스를 찾아가기만 하면 되는 것이다.

엘리아데의 『성(聖)과 속(俗)』을 읽고 나서, 우리가 생각한 핵심 개념과 주요 내용을 다음과 같이 정리해 보았다고 해보자.

〈『성(聖)과 속(俗)』의 핵심 개념과 주요 내용〉

제1장 _ **핵심개념** : 종교적 인간

제2장 _ **핵심개념** : 성스러운 공간
→ 성스러운 공간과 세속적인 공간의 분리

제3장 _ **핵심개념** : 성스러운 시간
→ 성스러운 시간의 반복
→ 해마다 반복되는 종교 제례

(이하 생략…)

이제 인터넷이나 도서관에서 위 핵심 개념과 주요 내용을 중심으로 레퍼런스를 찾아보자. 여기에서는 제3장과 관련한 레퍼런스를 찾아보는 것으로 한다.

3장에서 핵심 개념은 1차적으로 '성스러운 시간'이다. 그리고 성스러운 시간은 반복적으로 재현됨으로써 세속세계에 그 존재를 드러내게 되며, 보통 우리는 각종 종교 제례를 통해 이를 체험할 수 있다. 따라서 2차 핵심 개념은 '종교 제례'가 될 수 있을 것이다. 그리고 이렇게 선택한 1차 핵심 개념과 2차 핵심 개념을 검색어로 하여 대학교 도서관이나 학술정보시스템을 통해 레퍼런스를 검색해 본다.

Ⅰ. '성스러운 시간'을 검색어로 검색

1. 논문

「What time is this place?: 초기 그리스도교 순례기 속에 나타난 성스러운 시간과 공간」 _ 최화선, 한국서양고대역사문화학회

2. 논문

「중국 드라마 〈아빠와 함께 유학을(帶著爸爸去留 學)〉(2019)에 나타난 성과 속 의식－엘리아데의 개념을 중심으로」 _ 강설금

3. 논문

「문화 축제로서의 동계올림픽의 신화적 상징과 위상」

_ 장영란, 한국기호학회

Ⅱ. '종교 제례'를 검색어로 검색

1. 학내간행물

「축제의 종교적 의미와 사회문화적 기능」

_ 류경희, 서울대학교 종교학연구회

2. 논문

「일본 마츠리를 통해 본 지역 정체성 개발 전략 고찰–삿포로 눈 축제를 중심으로」 _ 강준수, 한국일본근대학회

3. 논문

「술과 축제, 그리고 의례」 _ 임상택, 한국신석기학회

Ⅲ. 유사어인 '종교 축제'를 검색어로 검색
1. 단행본 『종교이론: 인간과 종료, 제사, 축제, 전쟁에 대한 성찰』 _ 조르주바타유 (조한경, 역), 문예출판사, 2015 2. 학내간행물 「축제의 종교적 의미와 사회문화적 기능」 _ 류경희, 서울대학교 종교학연구회 3. 논문 「봄을 맞이하는 가장 화려한 색의 축제, 홀리 나이 · 종교 · 국적 · 계급 초월해 즐기는 화합의 장」 _ 김용식, 포스코경영연구원(구 포스코경영연구소)

'성스러운 시간(1차 핵심 개념)'과 '종교 제례(2차 핵심 개념)'라는 검색어로 검색해서 여기에 나온 책이나 논문 제목들을 살펴보았다. 그리고 이 중에 '해마다 반복되는 시간'이라는 관점에서 살펴보니, '축제로서의 동계올림픽', '축제의 종교적 의미' 등의 제목이 관심이 간다. 그렇다면 다시 '종교 축제'를 3차 핵심 개념으로 해서 추가 검색해보자.

그리고 여기에서 『종교이론 : 인간과 종료, 제사, 축제, 전쟁에 대한 성찰』이란 책이 눈에 띄지 않는가. 그래서 나는 이 책을 '제3장 성스러운 시간'의 레퍼런스 후보로 결정하였다[3]. 고대와 현대까지 이어진 축제를 인간의 종교와 관련해서 더 깊이 이해할 수 있으리라 생각되었기 때문이다. 물론 경우에 따라 위에서 찾은 논문들도 얼마든지 훌륭한 레퍼런스가 될 수 있다. 다만 레퍼런스를 선택할 때는 단행본을 우선으로 하고, 논문은 최근 연구나 단행본으로 찾기 어려운 부분을 커버하는 보조적인 용도로 사용하는 것이 좋다.

이런 작업을 반복하다 보면 어렵지 않게 레퍼런스 목록을 정리할 수 있다. 그리고 여러 레퍼런스를 특정한 주제에 따라 묶어서 정리할 수도 있다. 아마 우리는 '성스러운 시간'이라는 개념과 관련하여, '축제'라는 주제로 더욱 세밀한 하위 레퍼런스를 준비할 수도 있을 것이다.

2. 레퍼런스 읽고 요약하기

레퍼런스를 읽고 요약하기도 본질적으로는 교과서 읽고 요약하기와 동일하다. 다시 강조하지만, 기본적으로 모든 책 읽기는 똑같다.

3 여기에서 나오는 자료들은 이 책을 쓰던 2023년 "서울대학교 도서관"과 "학술연구정보서비스(www.riss.kr)"에서 검색한 자료들이다.

앞의 〈II. '거꾸로 독서법'으로 교과서 읽기〉 '1에서부터 4의 과정' 순으로 책을 거꾸로 읽는 것이 기본이다.

그런데 한정된 시간에 많은 레퍼런스를 처리해야 할 때가 있다. 이럴 때 나는 조금 간략한 방식으로 읽기도 했다. 즉 앞에서 설명한 '1에서부터 4의 과정' 중 일부를 생략해서 읽는 방법이다. 이런 방법은 참고해야 할 책이 많고 시간이 부족할 경우 큰 도움을 주었다.

또 하나 대개 레퍼런스는 참고하기 위한 것이므로 책 제목을 보고 내용을 유추할 필요는 없다. 이미 교과서도 읽었으니 그냥 바로 목차를 펴서 내용을 추측하며 요약해보자(앞의 2 과정). 요약한 내용은 목차 주변에 간단히 메모해 두고 이제 가볍게 스킵하며 내용을 확인해보자(앞의 3 과정). 이것만으로도 책 내용 중 상당 부분을 이해할 수 있을 것이다. 그리고 이때 중요하다고 생각되는 부분이 있으면, 해당 부분만 꼼꼼하게 읽어 나가면 된다(관심 부분만 앞의 4 과정). 이렇게 반복하다 보면 생각보다 많은 정보를 정리할 수 있다. 다만 레퍼런스라고 해서 모두 이렇게 간략히 읽는 것은 아니며, 중요하거나 관심이 많이 가는 책들은 교과서 읽기처럼 꼼꼼하게 정리하면서 읽어 나가는 것이 좋다.

Ⅳ. 거꾸로 독서법 방법 요약과 효과

1. 거꾸로 독서법 방법 요약

❶ 제목 읽고 내용 요약하기

책 제목만 읽고 그 내용(줄거리)을 간단히 요약해본다. 제목만 보고 '음, 이런 내용 같은데~'라고 추측해보고, 책 첫 페이지 빈 곳이나 노트에 간단히 메모한다. 책 내용이 복잡하지 않으면 메모하지 않고 잠시 생각만 해보는 것도 괜찮다.

❷ 목차 읽고 내용 요약하기

책 목차를 읽고 목차별로 '음, 이 목차는 이런 내용이겠군~' 하며 자기 생각을 간단히 정리한다. 그리고 각 목차 옆 여백에 '연필'로 자기가 추측한 내용을 간단히 적어보자. 논리적이고 체계적일 필요는 없으나 반드시 완전한 하나 또는 여러 개의 문장으로 정리해야 한다.

❸ 책을 스킵하며 내용 요약하기

책을 '가볍게 스킵'하며 내용을 요약해본다. '스킵한다'는 것은 '건성건성 읽는다'는 뜻이다. 250페이지가량의 책을 기준으로 10~20분을 넘지 않는 속도로 건성건성 읽어보자. 스킵을 끝내고 나면, 다시 목차로 돌아가서 '파란색 펜'으로 '연필로 쓴 〈목차 읽고 요약한 내용〉 아래'에 새로 이해한 내용을 정리해 둔다. 이때도 반드시 완전한 문장의 형태로 표현하고 정리하는 것이 중요하다. 또한, 목차별로 핵심 주제나 주요 개념, 단어 등이 떠오른다면 반드시 함께 메모해 두자.

❹ 꼼꼼하게 정독하고 정리하기

책을 처음부터 끝까지 '정독'하자. 정독이 끝나면 스킵한 후 요약한 내용을 수정한다. 즉 '스킵한 후 정리한 내용'을 바탕으로 자신이 최종적으로 이해한 내용을 확인하는 과정이다. 완전히 새로 써도 상관없으나, 스킵한 후 정리한 내용을 수정하는 방법으로 정리하는 것도 괜찮다. 책을 정독할 때는 조금 전 스킵하며 읽을 때 자신이 생각한 핵심 주제나 주요 개념 중심으로 읽어가면 책에 대한 생각을 정리하거나 자신의 생각 변화를 이해하는 데 도움이 된다.

cf) 마지막으로 목차별로 주제를 정리해 준다면 금상첨화

이렇게 목차별로 내용 요약과 정리가 끝나면, 목차 제목이나 주제를 한 줄로 정리해 보자. 이때는 완성된 문장이 아니어도 상관없다. 핵심 주제가 드러나는 개념이나 단어를 사용해서 목차 제목이나 주제를 짧은 문구로 적어보는 것으로 충분하다.

2. '거꾸로 독서법' 효과

'제목만 읽고 내용 요약하기-목차 보고 내용 요약하기-스킵하며 요약 읽기-꼼꼼히 정독하기' 이렇게 4단계로 책을 읽으면 어떤 효과가 있을까? 과학적인 검증을 거치거나 실험 데이터가 있는 것은 아니지만, 지난 20년간 내가 몸으로 체험한 거꾸로 독서법의 장점은 다음과 같이 정리할 수 있다.

• **첫째, 책 읽는 속도가 매우 빨라진다.** 여러 과정을 거치기에 한 번만 정독하는 것보다 책 읽는 속도가 느려지지 않을까 생각할 수도 있다. 하지만 실제로 여러 번 실험해본 결과 거꾸로 독서법으로 읽는 것이 훨씬 더 빠르게 책을 읽을 수 있었다. 예측과 무의식적인 비교를 통해 그 내용에 대한 집중도가 높아지고, 꼼꼼히 읽을 때 더 중요한 부분과 그렇지 않은 부분에 대한 강약 조절이 되어 그런 것 아닌가 생각된다.

• **둘째, 한 번에 책을 두세 번 읽은 효과가 있다.** 직접 한번 해보시라. 아무 책이나 붙잡고 읽은 후 기억나는 부분을 손으로 써보라. 그리고 거꾸로 독서법으로 읽은 후 다시 기억나는 부분을 손으로 써보라. 여러 종류의 책으로 반복해 봤지만, 거꾸로 독서법으로 책을 읽은 경우에 훨씬 더 많은 것들을 기억할 수 있었다.

• **셋째, 비판적 사고력이 강화되며, 사고 자체가 유연해진다.** 반복해서 거꾸로 읽기를 하다 보면, 도전의식 같은 것이 생겨 점점 예리하고 비판적으로 책을 읽게 된다. 동시에 책을 통해 세상을 바라보는 사고가 점점 유연해짐을 느낄 것이다.

• **넷째, 직관력이 크게 향상된다.** 일 년가량 이와 같은 방법으로 책을 읽은 후에는 가끔가다 목차만 요약하고 가볍게 스킵하기(즉 앞의 2와 3의 과정만 사용)만으로도 책의 주제와 내용을 이해하게 되는 경우가 늘어났다. 이는 같은 시간에 더 많은 레퍼런스를 참고할 수 있게 해 주었다. 그리고 대학원을 졸업할 무렵 "삼촌은 잘하는 것이 뭐야?"라고 묻는 조카에게 "목차만 보고도 책의 줄거리를 맞출 수 있어."라고 말할 수 있었다. 물론 상당히 과장된 표현이지만, 그만큼 책과 세상을 보는 직관력을 기를 수 있었던 것은 사실이다.

• **다섯째, 효율적으로 정보를 처리하는 데 도움을 준다.** 책을 읽다 보면 한 권을 모두 다 읽어야 하는 경우 보다 필요한 부분을 발췌해서 읽어야 하는 경우가 더 많이 있다. 거꾸로 독서법으로 책 읽기를 계속해 가면, 더 많은 책을 한꺼번에 정리하면서도 더욱 중요한 정보만 선별적으로 처리하는 능력을 키울 수 있다.

• **여섯째, 마지막으로 책에 대한 호기심을 유지시켜 준다.** 책을 쓴 저자의 의도를 전혀 모르는 채로 그 내용을 추측하고, 목차를 보면

서 상상하는 시간을 통해 새로운 분야를 이해하고 도전하는 데 필요한 호기심과 긴장감을 지속할 수 있다.

나는 거꾸로 독서법을 대학교에서 공부하며 정리하고 발전시켰지만, 이 방법이 비단 대학교 공부에만 국한되는 것은 아니라 생각한다. 중고등학교 학생들의 사고력 증진과 대학원생들의 논문작성 과정에도 유용하게 활용 · 응용될 수 있으리라고 본다. 나 또한 대학원 논문작성과 변호사 시험 준비에서 이 방법으로 큰 효과를 보았다. 또한, 일반 성인들의 지적 호기심 충족을 위한 교양서적 읽기에도 이 방법이 충분한 효과를 발휘할 수 있을 것이다. 나도 대학교에서 인문 · 사회계열 학문이나 전공의 기본 개념을 이해하고 교양의 폭을 넓히기 위한 목적으로 시작했기 때문에, 당연히 교양서적에 접근하는 방법으로 활용하면 많은 도움을 얻을 것으로 확신한다.

: 참고 :

자기구조화학습(self organized learning) **이론**에 따르면, 모든 사람은 선천적 요인과 자라온 환경에 따라 각자 고유의 인지 구조를 가진다고 한다. 따라서 다른 누군가에게는 이해하기 쉬운 방법이나 설명도 자신에게는 도저히 받아들이기 어려운 방법이 될 수도 있다. 예로써, 기억에 도움을 주기 위해서 색연필이나 형광펜으로 강조하는 경우가 있는데, 나는 색연필을 칠하거나 형광펜으로 표시한 책은 오히려 이해와 기억에 방해

받는 경향이 있다. 자기구조화란 결국 외부에서 들어온 정보를 자신의 인지 구조에 맞게 스스로 재구조화하여 다시 정리하고 이해하는 과정을 의미한다.

단순히 책을 읽는 것이 아니라, 읽기 전에 그 내용을 스스로 생각해 보고 스킵하며 얼개를 짜는 과정에서 우리 머릿속에는 자연스럽게 어느 정도 가상의 지식 체계가 구성된다. 책을 제대로 정독하기 전에 구성된 이 체계는 우리가 가진 고유의 인지 구조에 따라 각자에게 가장 이해하기 쉬운 방법으로 만들어지게 된다. 이렇게 만들어진 얼개(체계)는 책을 정독하면서 정리한 내용을 자신이 가장 잘 이해할 수 있는 방법으로 구조화시켜 머릿속에 새로운 정보로 저장되도록 돕게 되는 것이다.

피라미드식 요약정리법

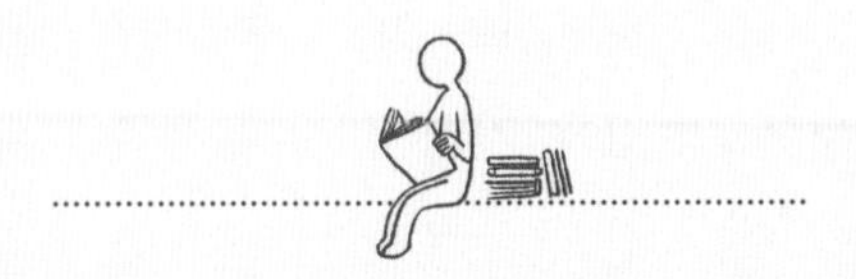

책을 읽는다는 것에는 '읽은 내용을 제대로 요약하고 정리한다'는 것도 포함된다. 의도적으로 정리하든 무의식적으로 내면화하든 읽은 책은 반드시 정리되기 때문이다. 그런 의미에서 '책 읽는 방법'은 '읽은 책을 요약 정리하는 방법'과 동전의 양면 같은 관계에 있다고 볼 수 있다.

보통 성인이 교양서적을 읽을 때 굳이 '읽은 책을 요약'까지 해야 하나 싶을 수 있다. 그런데 책에 따라서는 더 깊이 이해하거나 다음을 위해 책의 핵심을 정리해 두고 싶을 수도 있다. 이럴 때 '피라미드식 요약정리법'을 알아두면 유용하다. 다만 이 방법은 대학(원)생들의 시험 준비나 논문 준비와 더욱 관련이 있는 부분이므로, 가볍게 교양서적을 읽고 독서를 취미로 즐기고자 하시는 분들이라면 그냥 참고만 하고 넘어가 주시길 바란다.

I. 피라미드식 요약정리법 순서와 방법

1. 지식나무 그리기

대학에 다닐 때 한참 '마인드맵'이 유행했었다. 나도 한때 마인드맵에 심취해서 공부법에 적용해본 적이 있었다. 그런데 마인드맵은 생각을 정리하고 공유하는 데는 효과적일 것 같았지만, 혼자 여러 책을 읽고 그 내용을 정리하는 데는 별로 도움이 되지 않았다. 무엇보다도 체계적인 정리가 힘들었다. 그래서 나는 주로 교과서와 레퍼런스를 읽고 이를 바탕으로 '지식나무 그리기'를 했다. 이 방법은 거창한 것은 아니며, 한 학기 동안 배운 그 과목의 모든 내용을 보기 좋게 하나의 개조식 도표로 그린 것이다.

자, 그러면 우리가 공부하고 있는 〈인간과 종교〉 수업의 지식나무 그리기를 해보자. 먼저 교과서(엘리아데의 『성(聖)과 속(俗)』) 목차를 펴고, 어떤 목차에서 어떤 레퍼런스를 읽었는지 표시해보자. 레퍼런스가 있는 목차도 있고, 없는 목차도 있다. 그리고 중복되는 경우도 있고, 레퍼런스에서 다시 하위 레퍼런스로 가지치기하는 경우도 있을 것이다. 이렇게 목차를 처음부터 죽 이어 그리면 아래와 같은 나무 모양으로 교과 지식의 체계를 그릴 수 있다.

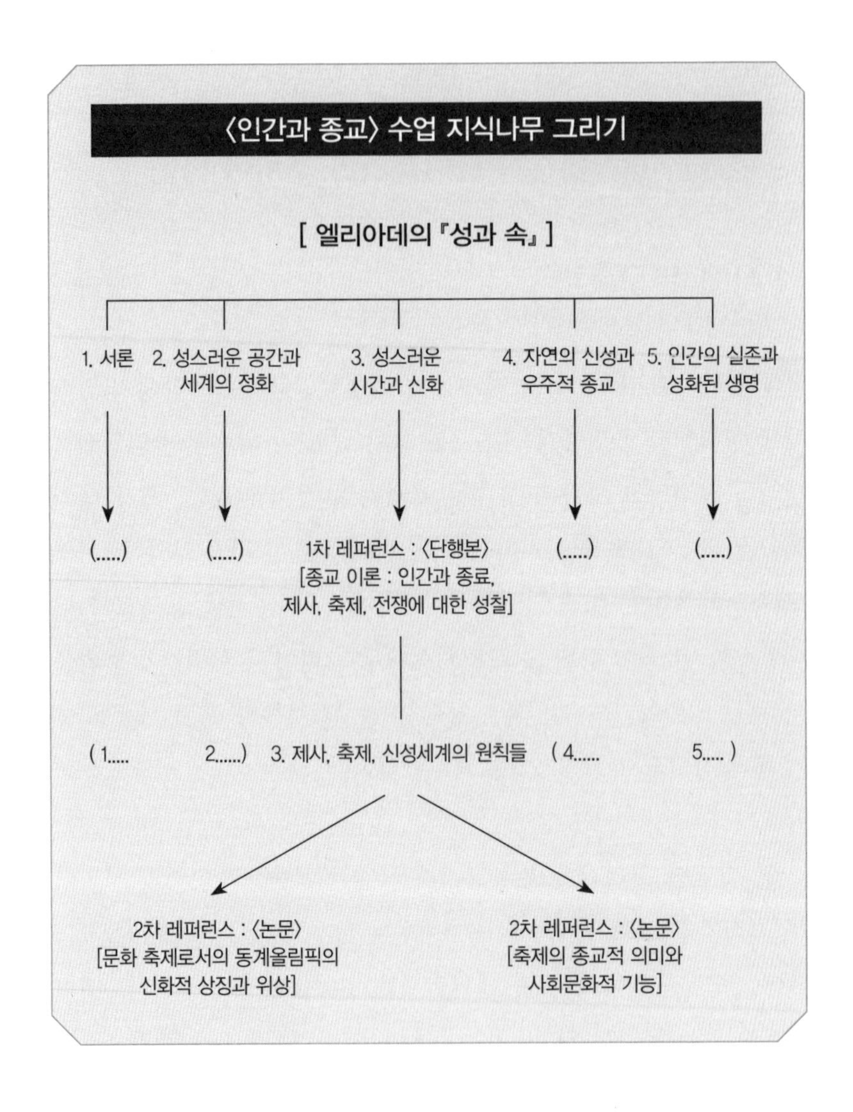

※ 여기에서는 (…)으로 생략했지만, 실제로 지식나무 그리기를 할 때는 생략한 부분도 모두 내용을 적고 정리해 두어야 한다.

교과서에는 각 목차 파트마다 우리가 참고해서 읽은 여러 레퍼런스가 있다. 여기에서는 교과서 제3장을 중심으로 설명해본다. '제3장 성스러운 시간과 신화'에서는 단행본인 『종교 이론 : 인간과 종료, 제사, 축제, 전쟁에 대한 성찰』을 1차 레퍼런스로 읽었다. 특히 '종교와 축제'의 의미를 중점으로 읽었으므로, 1차 레퍼런스에서 이 부분을 다룬 '제사, 축제, 신성세계의 원칙들[4]'이 주요 참고 부분이 될 것이다. 그리고 종교와 축제를 풍부하게 설명해 주기 위해 구체적인 사례로써 「문화 축제로서의 동계올림픽의 신화적 상징과 위상」, 「축제의 종교적 의미와 사회문화적 기능」 두 논문을 2차 레퍼런스로 참고했다.

지면 관계로 여기에 다 정리하지는 않았지만, 교과서의 각 목차에 따라 이 같은 레퍼런스를 순서대로 아래로 죽 이어지도록 그려준다. 그럼 가장 위에 교과서가 나오고 가장 아래에는 마지막 레퍼런스들이 그려진다. 이는 마치 크리스마스트리(또는 피라미드) 같은 모양이 되므로, 이름을 '지식나무 그리기'라고 붙였다.

자, 지식나무를 보고 있으면 뭐가 보이는가. 교과서의 제목과 목차, 각 목차에 나온 주요 개념과 그 내용에 대하여 추가적으로 인용된 주요 레퍼런스가 한눈에 보일 것이다. 이렇게 이번 학기 〈인간과 종교〉 수업의 전체 그림을 그릴 수 있다.

---

4 1차 레퍼런스 전체가 아니라, 필요한 부분만 발췌하여 참고한다.

이게 전부다. 어디에 무엇이 있는지 한눈에 들어오도록 그리기만 하면 된다. 중간에 내용을 추가할 수도 있고 아예 다시 그릴 수도 있다. 하지만 너무 공을 들일 필요는 없다. 난 항상 A4용지에 자도 없이 손으로 줄을 그어 나무를 그렸고, 그리다 맘에 안 들면 찢고 새로 그리곤 했다. 전체적으로 그림을 그리는 것이 중요하며, 너무 공을 들이지 않는 것도 중요하다. 지식나무 그리기는 그 자체로는 아무 의미도 없으며, 다음에 이어지는 '반복 요약하기'를 위한 준비단계에 불과하기 때문이다.

2. 반복 요약하기

이제 기말고사가 다가온다. 오픈 북일 수도 있고 아닐 수도 있다. 그리고 시험 대신 긴 보고서를 작성해야 할 수도 있다. 이 모든 것을 위해 이번 학기에 읽었던 책들을 참고해 멋진 포트폴리오를 만들어보자.

1단계 : 교과서와 레퍼런스를 쌓아두고 그 앞에 지식 나무 그림도 놓아둔다.

2단계 : 지식나무 그림을 보며 그림 속 책과 목차에 따라 '위에서 아래', '왼쪽에서 오른쪽' 순서로 내용을 정리한다. 나는 교과서 목차를 펼치고 각 목차에 나온 순서에 따라 핵심 내용을 노트북을 이용해 죽 이어 타이핑했다. 구체적인 내용이 기억나지 않으면, 교과서나 레퍼런스 목차에 적어놓은 정리내용을 참고하거나 책을 다시 들여다보기도 하였다. 어떻게 하든 교과서 목차마다 '핵심 개념'을 중심으로 전체 내용을 죽 이어서 써보는 것이 중요하다.

교과서 제1장 목차 내용 정리 → 제1장 1차 레퍼런스 내용 정리 → 제1장 2차 레퍼런스 내용 정리 → 교과서 제2장 목차 내용 정리 → 제2장 1차 레퍼런스 내용 정리 → 제2장 2차 레퍼런스 내용 정리 → 교과서 제3장 목차 내용 정리…

이 같은 순서로 정리해나가면 된다. 서너 시간 정도 작업하면 이번 학기에 배운 전체 내용을 정리할 수 있을 것이다. 이 과정이 '1차 요약'이다.

3단계 : '1차 요약'을 출력해서 읽어본다. 아마 상당히 양이 많을 것이다. 두 번 정도 읽어보자. 세 번 읽어도 좋다.

4단계 : '1차 요약'을 절반으로 줄인다. 이 과정이 '2차 요약'이다. 물론 교과서와 레퍼런스를 참고해도 되지만, 참고할 일은 별로 없을 것이다.

5단계 : '2차 요약'을 출력해서 읽는다. 양이 반으로 줄어들었다.

그래도 많다. 두세 번 읽어보자.

6단계 : '2차 요약'을 다시 절반으로 줄인다. 이 과정이 **'3차 요약'** 이다.

이 과정을 반복한다. 그래서 마지막으로 A4용지 한 장 또는 반장으로 줄어들 때까지 **'n차 요약'**을 반복한다. 1차에서 n차로 갈수록 양이 줄어든다. 분량을 엄격히 따를 필요는 없지만 나는 'n차 요약'은 'n-1차 요약'의 절반으로 만드는 것을 원칙으로 했다. 요약을 반복할수록 점점 양이 줄어드는 모습이 마치 위로 올라갈수록 점점 좁아지는 피라미드 모습을 닮아서 나는 이 방법을 **'피라피드식 요약정리법'**이라 이름 붙였다.

이제 우리는 '1차 요약본', '2차 요약본', '3차 요약본'… 'n차 요약본'을 모두 완성했다. 아마 대부분 과목은 3차 요약 정도면 마무리될 것이다. 잘 따라오셨다. 여기까지가 '반복 요약하기'다. 이제 이렇게 요약된 내용을 구체적으로 활용하는 방법을 알아보자.

Ⅱ. 피라미드식 요약정리법 활용하기

1. 피라미드식 요약정리법과 서술형 시험

대학교에서 가장 보편적인 기말고사 형식은 서술형 시험이다. 즉 교과서나 참고 자료 없이 교수님이 제시한 두세 문제에 대하여 자유롭게 서술하는 것이다(오픈북 시험과는 다르다).

사실 피라미드식으로 요약하는 과정 자체가 훌륭한 시험 준비 과정이기 때문에 대부분의 경우, 이것만으로도 충분히 시험을 대비할 수 있다. 생각해 보라. 교과서와 레퍼런스를 모두 읽고 여러 번 요약하고 다시 읽는 과정에서 그 교과에 대한 이해가 얼마나 깊어졌겠는가? 심지어 내가 선택한 여러 권의 추가 레퍼런스들까지 함께 요약하니 깊이뿐만 아니라 지식의 폭도 매우 넓어졌을 것이다. 그래서 피라미드식 요약정리 과정 그 자체만으로도 이미 훌륭한 서술형 시험 준비가 될 수 있다.

여기에 더해 시험 전날 1차 요약본을 읽고 이어서 2차 요약본, 3차 요약본을 차례로 읽어 두자. 그리고 시험 당일 10분 전에 마지막 n차 요약본만 읽어보면 그 어떤 문제도 어렵지 않게 서술할 수 있을 것이다. 우리는 짧은 시험시간에 전체 내용에 대한 이해를 바탕으로 다른 사람들은 읽어보지 못한 참신하고 깊이 있는 레퍼런스의 내용까지 더한 '매력적으로 차별화된' 답안지를 제출할 수 있게 될 것이다.

2. 피라미드식 요약정리법과 오픈북 시험

피라미드식 요약정리하기는 오픈북 시험에서 제대로 진가를 발휘한다. 오픈북 시험은 참고할 수 있는 책과 레퍼런스 등을 지참하거나, 경우에 따라 집에서 노트북으로 치르기도 한다. 말 그대로 모든 것을 열어 두기 때문에 학생들이 접할 수 있는 정보는 무한대다. 여기에서 관건은 시간이다. 오픈북 시험은 짧은 시간에 아무런 막힘없이 답을 이어갈 수 있어야 한다. 그러기 위해서는 해당 교과에 대한 정확한 이해는 물론이고, 어떤 정보가 어디에 있는지 정확하게 알고 있어야 한다. 우리는 피라미드식으로 요약해 둔 1차 자료에서 n차 자료를 통해서 찾고자 하는 정보에 가장 빠르게 다가갈 수 있을 것이다.

여기에 더해서 오픈북 시험에서는 항상 충분한 자료가 주어지는 만큼 더욱 깊고 풍부한 답안이 요구된다. 원하는 정보를 찾는 능력 못지않게 빠르게 요약해서 답안으로 현출하는 것이 중요하다. 그런데 우리는 이미 n차 요약을 통해 충분히 정보를 요약해두었기 때문에 원하는 정보를 확인만 하면 나머지 시간은 모두 답안 작성에 활용할 수 있다. 깊이는 물론 양에 있어서도 타의 추종을 불허하는 답안을 작성할 수 있는 것이다. 나는 대학에서 오픈북 시험마다 교수님께서 이전에는 한번도 받아본 적 없을 양과 질의 답안지를 제출하여 교수님을 놀라게 하곤 했다.

3. 피라미드식 요약정리법과 기말 보고서 작성

피라미드식 요약정리는 기말 보고서를 작성할 때도 큰 도움이 된다. 보통 대학 보고서는 양이 많으면 좋을 것으로 생각하지만 절대로 그렇지 않다. 학기를 마치고 이제 좀 쉬어야 하는 교수님들 입장도 한번 생각해 보라. 교수님들은 일주일 이내에 학생 수십 명의 기말고사 답안지와 기말 보고서를 모두 읽고 채점해야 한다. 더욱이 강의 과목이 한 과목만 있는 것도 아닐 것이다. 따라서 기말 보고서가 양만 많고 그 내용이 부실하면 교수님으로서는 화날 수밖에 없다. 기말 보고서는 적당한 양에 풍부한 레퍼런스를 싣고 임팩트 있는 문장으로 정리해야 한다. n차 요약본을 써가다 보면, "『종교이론 인간과 종료, 제사, 축제, 전쟁에 대한 성찰』을 쓴 프랑스 철학자 조르쥬 파타유의 말을 빌리면, 인간이 가진 죽음에 대한 본능적 두려움은 죽음 너머 세계로의 회귀 본능으로 귀결될 수밖에 없다. 따라서 축제를 종교적 믿음을 집단화하며 내재화해나가는 사회적 수단으로 본다면, 인류 문명에서 장례식은 가장 근원적이고 중요한 축제의 하나로 여겨질 수밖에 없었을 것이다."처럼 레퍼런스 한 권을 한두 문장으로 농축하여 추출할 수 있다. 수차례 요약을 반복하며 줄여나간 것이므로 단 한 문장일지라도 그 레퍼런스의 정수를 쉽게 녹여낼 수 있게 되는 것이다. 제한된 시간에 정확한 레퍼런스, 그것도 교수님이 제시하지도 않은 새로운 레퍼런스를 통해 자신의 주장을 정리하고 뒷받침할 수 있다면 분명 그 기말 보고서는 다른 사람들과는 차별화된 수준의 퍼포먼스와 감동을 줄 수 있을 것이다.

Ⅲ. AI 시대와 피라미드식 요약정리법

2023년 Chat-GPT와 GPT 4.0의 등장으로 지식을 전달하고 평가하는 방법도 혁명적인 변혁의 길로 들어선 것 같다. 생성형 AI를 활용한 보고서가 사람이 쓴 보고서보다 훨씬 논리적이고 체계적인 경우가 많아 학생들의 학업 성취를 더는 보고서로 평가하기 어려울 것이라는 말들이 나오고 있기 때문이다. 실제로 생성형 AI의 확산으로 인해 미국과 유럽에서는 그동안 학생 평가의 주된 도구였던 과제물과 보고서 등을 점차 폐지하거나 줄이고, 대신 구술시험과 교실 필기시험을 확대하려는 경향을 보인다고 한다. 즉 학생 평가에 있어 과거로의 회귀가 일어나고 있는 것이다.

한때 정보화 혁명은 모든 정보가 공개되고 누구나 공개된 정보에 손쉽게 접근할 수 있으므로, 이를 활용하는 정도에 따라 개인의 능력이 평가될 것으로 여겨졌다. 그러나 정보화 혁명은 우리의 예상과 달리 너무 빠르게(그리고 예측할 수 없는 방향으로) 변화하고 있어, 오히려 개인의 능력을 정확히 평가하기 위해서는 인터넷과 정보의 활용을 배제할 수밖에 없는 현실이 되어가는 것 같다.

따라서 'AI가 인간의 지식 활용과 성장에 어떤 도움을 줄 수 있는가'와는 별개의 문제로 대학에서 학업 성취를 평가하는 데 있어서도 구술시험과 같이 외부의 도움 없이 개인의 머릿속 정보와 지식에만 의존하여 평가하는 경향이 점차 확대될 것으로 보인다. 적어도 당분간은.

그리고 너무 당연히도, 피라미드식으로 요약된 정보들은 우리 머릿속에서 개인이 가진 인지 구조에 따라 모든 정보를 체계적으로 구조화시키게 되는데, 이렇게 구조화된 지식은 외부 정보나 인터넷 등을 활용할 수 없는 구술시험에 있어서 더욱 탁월한 결과를 가져다줄 것이다.

: 참고 :

책 한 권만 요약하는 경우

참고할 책이 여러 권 있는 경우에만 피라미드식 요약정리가 필요한 게 아니다. 책 한 권만 읽은 경우에도 그 책의 목차를 펼쳐놓고 그 전체 내용을 길게 자유롭게 정리해보자(1차 요약). 그리고 이 요약본을 반으로 그리고 또다시 반으로 요약해보자(n차 요약). 이 작업을 통해서 책에 대한 이해와 자신이 이해한 것을 표현하는 능력이 크게 향상될 것이다.

랜덤 논리게임

I. 랜덤 논리게임이란?

대학생을 위한 공부법의 핵심은 거꾸로 **독서법과 피라미드식 요약 정리법**이다. 여기까지 읽으신 독자들은 느꼈겠지만, 나는 대학에서 가능하면 단순 암기를 최대한 배제하려 했다. 나 스스로 암기를 싫어하기도 했고 기억력에 문제가 있어서이기도 했지만, 더 근본적으로는 한 학기 동안 그 교과목의 정수(精髓)를 가장 잘 이해하기 위해서는 암기가 아니라 더 많은 책을 효율적으로 읽고 정리하는 것이 핵심이라고 판단했기 때문이다. 따라서 이 책을 통해 그런 고민을 공유하고 싶었다. 그렇다고 내가 암기를 전혀 하지 않거나 등한시했던 것은 아니다. 암기가 필요한 과목은 수능 공부 때 활용했던 **'Core 암기법'**을 유용하게 사용하곤 하였다. 이 방법은 다음 절에서 자세히 설명하겠다.

한편 인문 · 사회계열 학과에서는 책을 읽고 많은 정보를 처리하는 것 못지않게 토론이 중요했다. 반면 공대에서는 토론보다는 편안한 대화가 더 중요했다. 수학적인 질문과 공학적인 문제점의 해결을 위해서는 좋은 아이디어가 중요했는데, 좋은 아이디어는 토론을 통해 도출되는 경우도 있지만, 그보다는 편안한 대화를 통해 문득 떠오르는 경우가 더 많았기 때문이다. 그리고 실상은 항상 제일 공부 잘하는 학생 한두 명이 가장 좋은 아이디어를 가진 경우가 대부분이기도 했었다. 그런데 토론은 이런 편안한 대화와는 다르다. 아이디어를 찾는 것이 아니라 중요한 의제(議題)에 있어 대립하는 두 주장을 놓고 서로가 논리적으로 상대에게 논박해야 하는 작은 게임인 것이다.

나는 이 토론을 즐겼다. 어쩌면 지금 변호사라는 직업을 갖게 된 것도 이런 성격이 한몫했는지도 모르겠다. 그런데 가만히 생각해 보면 인간사의 모든 토론은 항상 양자 간 토론이었던 것 같다. 세 가지 주장이나 네 가지 주장이 얽혀 싸우는 경우는 생각해 보기 힘들다. 모름지기 싸움과 토론은 언제나 둘 사이의 문제다. 원고와 피고, 여당과 야당, 진보와 보수, 아군과 적군, 심지어 축구 시합도 두 팀이 하지 않던가. 『삼국지』에서는 위(魏)· 촉(蜀)· 오(吳) 세 나라가 나오지만, 한 번도 세 나라가 한꺼번에 얽혀 서로 적이 되어 싸운 적은 없었던 것 같다. 적벽대전만 보아도 '위 나라' 대 '촉과 오의 연합'이라는 양자 구도 아니던가. 토론에서도 마찬가지다. A, B, C의 세 주장이 있으면 먼저 A와 B가 토론하고 승자가 다시 C와 토론하는 형식이다. 따라서 먼저 이해해야 할 것은 '모든 토론은 대립하는 양자 간 토론'이라는 점이다.

나는 평소 어떻게 하면 더욱 논리적으로 토론 연습을 할 수 있을까 생각하곤 했다. 서울대학교의 똑똑하고 어린 동생들은 언제나 나의 호승심을 불러일으켰기 때문이었다. 그런데 논리적인 토론을 잘하는 방법을 따로 배운다는 것은 쉽지 않았다. 논리학 수업과 수사학 서적 등이 있었지만, 이런 이론이 실제 토론이나 논쟁에 효과적일지는 다소 의문이었다. 그래서 난 혼자 하는 논리 연습을 많이 했는데, 이 방법이 수업 시간은 물론이고 현재의 변호사 일에도 많은 도움을 준 것 같아 여기에 소개한다. 난 이 연습을 '랜덤 논리게임'이라 이름 붙였다.

랜덤 논리게임이란, 첨예하게 대립하거나 어찌 보면 답이 없을 수도 있는 논쟁에 있어서 대립하는 두 주장(이를 각각 A와 B라고 해보자)을 두고, 혼자서 A의 입장과 B의 입장을 번갈아 가며 탑을 쌓듯 번갈아 논박을 이어가는 게임이다. 혼자 하는 토론인 셈인데, '사형제 존치와 폐지', '여성의 낙태권', '원전 폐지', '외국인 참정권' 등 설정할 수 있는 주제는 무한하다.

Ⅱ. 랜덤 논리게임 방법과 예시

1. 랜덤 논리게임 방법

❶ 토론 주제를 정한다.

❷ 대립하는 의견 두 개를 택한다.

❸ 각 의견에 대한 기본적인 정보를 확인하거나 조사한다.

❹ 혼자서 탑을 쌓듯 각 의견의 주장을 논박한다.

혼자서 A 의견에 따른 주장을 생각해 본 후 간단히 메모한다. 이어 B 의견에 따른 주장을 생각해 본 후 간단히 메모한다. 이 과정을 반복한다. 단 반드시 탑을 쌓듯 이어가야 하며, 토론이 겉돌거나 했던 말을 또 하거나 기존 주장을 반복하는 단계가 되면 토론을 멈춘다.

2. 랜덤 논리게임 예시

어떻게 하는 것인지 예를 통해 살펴보자. 내가 대학원에 다닐 때 어떤 학생이 이런 문제를 제기했다. "지능 지수(IQ)는 선천적인 것 같다. 그리고 만일 지능이 선천적이라면 우리가 아이들을 위해 교육에 이토록 많은 열정을 쏟아붓는 것이 무의미한 일이 될 수도 있지 않겠는가?" 나름대로 이유 있는 질문이다. 이 물음에는 크게 두 가지 논점이 있다. 첫째, 지능은 선척적인 것인가? 후천적인 것인가? 둘째, 지능이 선천적인 것이라면 교육은 그 가치를 잃게 되는 것인가? 자, 이 문제에 대하여 혼자서 **랜덤 논리게임**을 해보자. A는 지능이 선천적이라는 견해를 지지하며, B는 지능이 후천적이라는 견해를 지지한다고 가정하자.

〈랜덤 논리게임 주제〉

지능은 선천적인 것인가, 후천적인 것인가?

만일 지능이 선천적인 것이라면 교육은 과연 가치 있는 행동인가?

A : 확실히 지능은 선천적인 면이 크다. 서울대학교 등 우리나라 명문대학교 입학생 중 상당수가 전문직 종사자들 자녀라는 연구가 있다. 이는 결국 부모의 지능이 자녀에게로 유전된다는 근거로 볼 수 있다.

B : 전문직 종사자들 자녀가 더 좋은 성적을 얻는다고 해서, 그것이 부모의 지능을 물려받은 근거라 볼 수는 없다. 이는 후천적인 환경과 더 나은 교육 기회를 제공할 수 있는 경제력 때문일 수도 있다. 더욱이 전문직 종사자 부모가 다른 부모에 비해 더 높은 지능을 가지고 있다는 전제 자체가 검증되지 않은 것이기에, 이 주장은 전제에서부터 문제가 있다.

한편, 최근 미국 모 대학에서는, 지능 지수는 30%만 선천적인 요소에 의해 결정되고, 70%는 후천적인 환경의 영향으로 결정된다고 하는 연구 결과를 내놓았다. 이 연구는 우리 지능은 후천적 요인이 선천적인 요인보다 2배 이상 중요하다는 것을 보여주고 있다.

A : 그 연구는 매우 중요한 연구이다. 나 또한 그 연구를 지지하며, 개인의 지능에 있어서 후천적인 요인이 더 중요하다는 점은 100% 공감한다. 다만, 이는 개인의 지능 형성에 미치는 요인에 대한 이야기일 뿐이다. 서로의 차이를 만드는 개인간 편차를 살펴보면 전혀 다른 결과가 나온다. 즉 후천적 요인 70%는 동일 문화권 내에서 약 5% 정도의 편차만 가지지만, 선천적 요인 30%는 약 10%의 편차를 보여준다. 즉, 지능의 후천적인 점수는 대략 65~70점의 분포를 보이지만, 선천적인 점수는 20~ 30점까지 더 넓은 편차를 보이는 것이다. 따라서 개개인의 지능의 차이를 결정하는 데 있어서는 후천적인 요소보다 선천적인 요소가 2배가량 더 큰 결정력을 가지고 있다고 판단할 수 있다. 즉 우리 집 아이가 옆집 아이보다 더 높은 지능을 가질 것인지는 부모의 교육적 노력보다 부모 유전자 영향을 더 많이 받는다는 것이다. 과연 교육이 의미를 가지는지 대단히 의문스럽다.

B : A의 주장이 모두 맞다고 가정하더라도 교육은 여전히 중요한 가치를 지닌다. 유럽과 아프리카, 아시아의 여러 나라들에 대한 시계열 연구에 따르면, 여러 문화권에서 보이는 지능 지수의 평균은 문화권마다 다소 차이를 보인다. 그런데 어떤 문화권이든 지능의 선천적인 요소는 거의 비슷하다고 보고되고 있다. 즉 인종과 성별, 지역에 따라 타고나는 지능 요소는 거의 차이가 없다는 것이다. 그럼에도 이처럼 문화권마다 지능 지수 평균이 다르게 나타나는 것은 결국 각 지역과 문화권마다 지능의 후천적인 요소가 다르다는 것을 의미한다. 그렇다면 여기서 생각해 보자. 동일 문화권에서 후천적인 지능 요소의 '편차'가 거의 없는 데 반해 서로 다른 문화권에서는 후천적인 지능 요소의 '평균'은 분명한 차이가 보인다. 이것은 결국 특정 문화권이 제공하는 환경과 교육적 경험이 학생들의 후천적인 지능 형성에 강한 영향을 미친다는 결론이고, 같은 환경에서 자란 학생들 사이에서는 지능 지수에 미치는 교육 효과가 매우 유사하다는 결론에 도달할 수 있음을 의미한다.

자, 논리게임은 여기서 끝났다. 만일 이상의 논의가 옳다면, 이제 우리가 처음 제기했던 의문에 답을 내보자. 지능은 선천적일까 후천적일까? 그리고 만일 선천적인 것이라면 과연 교육은 어떤 의미가 있는가?

우리 아이가 옆집 아이보다 지능이 높을까의 문제는 선천적인 요소에 의해 더 큰 영향을 받는다고 볼 수 있다. 하지만 우리나라 학생들의 평균 지능이 유럽 어느 나라 학생들의 평균보다 더 높은가의 문제는 선천적인 요소와 무관하게 우리 사회가 학생들에게 제공하는 교육 환경의 영향에 주로 의존한다고 결론 내릴 수 있다. 그렇다면 우리가 생각하는 교육의 의미와 방향성에 대하여도 생각해 보자. 교육의 효율성 · 효과성 측면에서 교육은 우리나라 학생들 간의 경쟁보다는 우리나라 학생 전체의 소위 국가경쟁력(?) 차원에서 그 가치가 더 높게 평가되어야 할 것이다. 이런 전제에서 교육을 생각한다면, 교육은 개개인의 차이를 평가하는 것이 아니라 협력을 통해 더 나은 결과를 내놓을 수 있는 방향으로 설계되어야 할 것이다.

위의 논의가 전적으로 옳다고 볼 수도 없고, 전제나 주장이 반드시 타당하다고 볼 수도 없다. 지능 관련 연구에서는 선천적인 부분이 더 중요하다는 연구와 후천적인 부분이 더 중요하다는 연구가 공존하고 있기 때문이다. 여기서 우리는 이 주제의 답(또는 승자)가 궁금한 것이 아니다. 혼자서 여러 근거를 가지고 토론하는 랜덤 논리게임의 방법을 제대로 이해했다면 그것으로 충분하다.

또 다른 예를 보자. 만일 이 책을 읽는 어느 독자분께서 더 아름다운 코를 가지기 위해서 코 성형에 대하여 알아보고 있다고 가정해보

자. 스마트폰으로 유명한 코 성형수술 전문 병원들을 찾아보니 한 곳은 성형외과 전문의가 운영하는 성형외과이고, 다른 한 곳은 이비인후과 전문의가 운영하는 코 성형 전문 이비인후과 의원이다. 독자 여러분은 어느 곳을 선택하겠는가. 랜덤 논리게임을 진행해보자.

〈랜덤 논리게임 주제〉
코 성형수술을 위해 '성형외과 전문의'가 운영하는 성형외과와 '이비인후과 전문의'가 운영하는 코 성형 전문 이비인후과 의원 중 어느 곳을 선택하는 것이 좋을까?

A : 당연히 성형외과에 가야 한다. 성형은 성형전문가에게. 당연한 모토 아닌가.

B : 많은 분이 모르고 있다. 대학병원에 가도 코에 대한 외과적 수술은 이비인후과에서 담당한다. 이비인후과 전문의는 코에 대한 외과 수술 전문가이다.

A : 성형 외과 수술과 일반 외과 수술은 구분해야 한다. 교통사고로 코가 부러졌다면 보통의 외과 수술을 받아도 된다. 하지만 이건 분명히 미용을 위한 성형수술이다. 따라서 성형외과 전문의에게 맡겨야 한다.

B : 코는 눈이나 피부와 다르다. 쌍꺼풀 수술은 눈의 기능과 관련 있는 수술이 아니다. 눈을 덮고 있는 피부에 대한 수술이다. 얼굴 주름을 제거하는 수술도 피부에 대한 수술일 뿐, 얼굴의 기능에 영향을 미치는 수술은 아니다. 그러나 코 수술은 다르다. 성인은 하루에 2만 번 호흡하는데, 이때 들이마시고 내쉬는 숨은 대략 10톤가량이나 된다. 따라서 코 수술은 단순히 피부에 대한 수술이 아니며, 코의 내부에 변형을 가하는 수술이다. 당연히 코의 기능적 이해를 보다 정확히 알고 있는 이비인후과 전문의에게 맡겨야 한다. 성형외과 전문의들이 눈을 10번 코를 10번, 또 다른 곳을 10번 수술하는 동안, 이비인후과 전문의들은 코만 30번 수술한다. 기술적 능숙함에서 보아도 이비인후과 전문의를 따라갈 수는 없다.

A : 바로 그것 때문이다. 성형외과 전문의들은 눈도 하고 코도 하고 다른 곳도 한다. 당신은 평생 코 수술만 하고 끝낼 것인가? 아니면 미래 눈과 얼굴의 다른 곳 수술 가능성도 열어 둘 것인가? 당신은 코만 아름다운 사람이 되고 싶은가? 코와 눈, 얼굴 전체가 조화로운 미를 갖춘 사람이 되고 싶은가? 성형외과에서는 이 모든 가능성을 열어 두고 최적의 아름다움을 추구한다.

B : 미는 주관적인 것이다. 균형도 주관적인 것이다. 근처 병원들을 보라. 성형외과도 점점 눈 성형 전문, 코 성형 전문으로 분화되고 있지 않은가? 이들이 얼굴 전체의 조화를 포기하고 한 분야를 전문으로 하겠는가? 최고의 코 성형 전문가와 상담하라. 그리고 이어서 최고의 눈 성형 전문가와 상담하라. 모든 상담을 마친 후, 기능적인 부분을 최우선하여 가장 많은 수술 경험을 가진 의사를 스스로 선택하라.

(여기서 이번 랜덤 논리게임을 멈추도록 하자. 어느 한 쪽 손을 들게 되면, 의료법 전문 변호사로 저자의 신뢰에 문제가 생길지도 모르니 말이다.)

위 논쟁은 언젠가 코감기로 이비인후과에 갔다가 '이비인후과에서도 성형수술을 한다'라는 것을 처음 알고 나서, 과연 성형외과와 이비인후과 전문의들이 만나 각자 홍보한다면 어떻게 될까 하는 상상을 통해 만들어본 사례다.

Ⅲ. 랜덤 논리게임을 해야 하는 이유

앞의 예시처럼 랜덤 논리게임이 반드시 논리 정연하다거나 항상 정답을 제시하지는 않는다. 오히려 답이 없는 경우가 더 많다. 그러나 이런 연습을 습관처럼 자주 해볼 필요가 있다. 우리는 흔히 어떤 논쟁에서 자신의 가치와 유사한 한쪽 주장의 편에 서서 논쟁을 벌이곤 한다. 나의 가치가 투영되었기 때문에 이것은 논쟁이라기보다는 반드시 이겨야 하는 투쟁이 되곤 한다. 그리고 이런 투쟁은 논리와 근거에서 밀리면 우기기와 목소리 크기 싸움으로 변질된다. 더 큰 문제는 이런 상태가 되면, 토론이 진행될수록 서로 의견을 좁히는 것이 아니라 감정의 골만 깊어진다는 것이다. 이렇게 해서는 건전한 토론을 기대할 수 없다. 그래서 랜덤 논리게임이 필요하다. 랜덤 논리게임은 혼자 하는 토론이며 놀이이다. 그래서 싸울 일이 없다.

물론 랜덤 논리게임을 둘이서 하거나 여러 명이 편을 나누어서 할 수도 있는데 이때는 **한 가지 중요한 원칙**이 있다. 그건 바로 **내(또는 우리 편)가 어떤 주장을 하게 될지 반드시 랜덤(제비뽑기)하게 만들어야 한다는 것**이다. 비록 사형제를 절대 반대한다고 하더라도 제비뽑기를 통해 찬성 측에 서게 되면 철저하게 사형제 찬성의 입장에서 주장을 펼쳐야 한다.

대학 토론 수업과 관련해 가장 심각하다 느낀 문제는, 어떤 편에서서 주장을 펼치는 데 있어 개인의 가치가 너무 많이 반영된다는 것이었다. 물론 대학에서 토론되는 주제 대부분 가치 지향적인 것이고, 개인이 자신이 지향하는 가치를 지지하는 것은 당연하다. 그러나 교육으로써 토론 수업을 생각해본다면 이것이 반드시 좋다고 할 수는 없다. 주제에 따라 어떤 경우에는 아예 토론 자체가 성립하지 않을 수도 있고(예 : 노예 제도의 정당성), 주제가 개인의 가치나 특성과 너무 밀접한 경우에는 토론이 아닌 감정싸움으로 번질 수도 있기 때문이다(예 : 정치적으로 진보와 보수). 그래서 교육으로써 토론 수업을 진행한다면 토론의 내용도 중요하지만, 우선은 그 형식에 집중할 필요가 있다. 그래서 자신의 신념과 반대되는 주장도 지지하는 연습을 꾸준히 해볼 필요가 있는 것이다.

한편, 랜덤 논리게임은 강제로 두 주장 사이에서 오가야 하므로, 반복하다 보면 자신의 신념이나 지지하는 주장과 다른 내용에 대해 계속해서 합리적인 근거를 찾는 연습을 하게 된다. 그런데 이 과정에서 스스로 생각의 편협함과 치우침을 깨닫는 경우가 많다. 나 역시 의도적인 연습을 통해 결코 이해할 수 없다고 생각했던 사람들의 주장을 이해하게 된 경우가 많았다. 예를 들어, 채식하는 사람들이나 이슬람을 믿는 무슬림의 입장을 스스로 대변하며 논리를 세워보면서 한편으로는 진심으로 그들의 주장을 이해하기도 하고, 또 한편으로는 동의하지 못하는 주장과 평화롭게 공존해야 하는 필요성도 느끼게 되었다. 시간이 날 때마다 혼자 랜덤 논리게임을 하다 보면 분명 사고의 지평을 넓힐 수 있을 것이다.

상상으로 설명하기

I. 상상으로 설명하기란?

함께 대학에 입학한 동기들보다 나이가 많다는 것은 학교생활에서 높은 벽이기도 했지만, 반대로 학교 적응에 큰 도움이 되기도 했다. 나이가 많다는 이유로(아무런 합리적인 이유는 없지만) 동생들 연애상담을 해 주기도 하고, 진로와 인생에 대한 조언을 요청받기도 했다. 이런저런 이유로 나는 동기들에게 주로 이야기를 해 주는 편이었다. 착한 동생들은 수업 내용 외에도 내가 읽은 책이나 내 사소한 신변잡기에 대해서도 이야기를 잘 들어주었다. 그런데 지나고 나서 생각해 보니, 내가 동기들에게 평소 많은 이야기를 했던 이유는 스스로 잘 모르는 게 많았기 때문인 것 같다. 애매한 것들도 누군가에게 이야기하다 보면 저절로 분명해지기도 하고, 확신이 없던 생각도 말로 표현하면서 강한 신념이 생기기도 하지 않던가. 확실히 말에는 힘이 있는 것 같다.

공부도 마찬가지다. 내가 무엇을 아는지 모르는지 정확히 구분하는 방법은 그것을 다른 사람에게 설명해 보는 것이다. 본인이 아는 것 같아도 막상 말로써 설명하려고 보면, 쉽지 않은 경우가 많다. 입으로 나올 수 있어야 진짜 지식이다. 머릿속에만 있는 생각은 진짜 내 지식이 아닐 수도 있다.

문제는 내가 설명하기 좋아한다고 해서 언제나 누구에게나 아무것이나 설명할 수는 없다는 것이다. 관심 없는 주제에 대해 계속 나를 붙잡고 설명해대는 선배나 친구가 있다고 생각해 보자. 한두 번은 참고 받아줄 수도 있겠지만 시간이 지나면서 그를 점점 피하게 될 것이다. 그래서 다른 사람에게 설명하기가 생각을 정리하는 좋은 방법이기는 하지만 언제 어디서나 할 수 있는 방법은 아니라는 문제가 있다. 그래서 나는 책을 읽거나 읽은 책을 정리할 때, 다른 사람에게 설명하는 대신 혼자서 '상상 속 인물에게 설명하기'를 즐겨 했다. 때론 가상의 인물이 되어 나에게 설명하기도 하고, 내가 가상의 인물에게 설명하기도 했다. 혼자 말을 중얼거리거나 혼자 거울을 보면서 설명을 하기도 했는데, 분명히 효과가 있었다.

Ⅱ. 상상으로 설명하기 방법

1. 공부한 내용 복습하기

방이나 혼자 있을 수 있는 공간에서 앞에 가상의 청중이 있다고 가정하고, 본인이 공부하거나 알고 싶은 내용을 그 가상의 청중에게 설명해 본다. 내가 저자가 되어도 좋고 내가 청중이 되어보는 것도 좋다. 중요한 것은 자신이 공부한 내용을 직접 강의하듯 설명해 보는 것이다. 설명할 때는 작게 말하더라도 꼭 입으로 설명하듯 해야 한다. 다시 강조하자면, 말하지 않고 생각만 하는 것은 아는 것과 모르는 것을 정확히 구분하거나, 배운 지식을 정확히 내 것으로 만드는 것에 전혀 도움이 되지 않는다.

글로 쓰는 것도 좋지 않다. 자연스럽고 빠른 생각의 정리를 위해 글로 하는 설명보다는 자연스러운 말로 설명하는 것이 좋다. 반드시 말로 설명하자.

개인적으로는 거울 앞에서 나를 보며 설명할 때 가장 효과적이었다.

2. 새로운 기술 익히기, 잘 모르는 내용 이해하기

상상으로 설명하기는 비단 공부한 내용을 복습하는 데만 사용할 수 있는 것은 아니다. 자신이 익히기 어려운 기술이나 이해하기 어려운 내용은 설명서나 책을 보며 자신에게 다시 설명해 보자. 이렇게 말로써 설명하는 과정을 통해 이해하기 어렵던 것들도 쉽게 이해되는 기적을 경험할 수 있을 것이다. 독자분들도 한 번 해보시기를 권한다. 새로 나온 스마트폰 기능을 배우기 어려운가? 키오스크에서 주문하는 것이 어려운가? 책을 읽고 이해하기가 어려운가? 스스로 상상 속에서 다른 누군가에게 스마트폰 기능을 설명해보라. 그리고 키오스크 주문법을 설명해보라. 생각처럼 어려운 일은 아닐 것이다. 공부도 마찬가지다. 복잡하고 어려운 법률 서적을 읽고 나면 난 머릿속에서 나 자신을 앞에 앉혀두고 방금 공부한 내용을 말로 설명해 주곤 한다. 상상 속의 나 자신에게.

분명히 독자 여러분에게도 효과가 있을 것이다.

레퍼런스 끌어다 쓰기

이제 학점에 대한 전략을 조금 고민해보자. 대학에서 좋은 학점을 받는 방법은 공부법과는 조금 다른 주제다. 누구나 좋은 학점을 얻기 위한 비법 한두 개는 있을 것이다. 나 또한 그렇다. 기회가 되면 내가 가진 여러 가지 비법을 본격적으로 소개해보기로 하고, 여기에서는 그중 하나만 우선 소개하겠다.

대학에서 수업을 들을 때, 또는 기말 보고서를 쓰거나 기말고사를 치를 때, 난 항상 내가 이미 들었던 수업이나, 듣고 있는 다른 수업 교과서를 레퍼런스로 재활용했었다.

1학년 1학기 때 들었던 〈예술과 사회〉 수업의 교과서는 1학년 2학기 때 들었던 〈종교와 문화〉 수업의 좋은 레퍼런스가 되었고, 이 두 과목에서 배웠던 내용은 다시 3학년 때 〈인간과 종교〉의 좋은 자료로 활용되었다. 3학년 1학기 때는 〈매스컴과 현대사회〉라는 과목을 들었는데 그때 읽었던 많은 책들은 그대로 다음 학기 〈영상 커뮤니케이션〉 수업에서 나를 두드러지는 학생으로 만들어 주었다.

한편, 3학년 때 〈인류학 개론〉과 〈정치학 개론〉 수업을 같이 들으면서, 인류학 수업에서는 정치학 수업에서 배웠던 내용을 참고하며 정치적인 시각을 유지하려 했고, 정치학 수업에서는 인류학 수업에서 들었던 내용들을 주제로 발표하기도 했었다.

어떤 과목에서 배웠던 내용은 그 과목으로 끝내지 않고, 어떻게든 다른 과목에서도 활용할 수 있도록 노력했다. 이런 노력은 결국 수업에서 나만의 독창적인 시각을 가져다주었고, 다른 학생들에 비해 몇 배나 되는 레퍼런스를 만들어 주기도 했다. 다른 과목 수업에서 배운 바를 최대한 끌어다 지금 과목 수업에서 레퍼런스로 활용했던 것. 이 방법은 내가 좋은 학점을 받을 수 있도록 도와주었던 일등 공신이었다.

제2장

'시험 합격'을 위한 공부법

Core 암기법

(최대공약수 암기법)

1. 목표

시험에 필요한 최소한의 지식(Core)을 암기하기. 단 절대 외우려고 애쓰지 않는다. 시험장에서 자연스럽게 기억이 떠오르도록 '반복해서 읽는 것'을 목표로 한다.

2. 방법

① Core 설정하기

과목마다 시험에 있어서 암기가 필요한 최소한의 부분을 정한다. 이 최소한의 부분을 'Core'라고 부른다. 당연하지만 Core는 과목이나 시험마다 모두 다르다. 수학 시험에서는 수학 공식이 Core가 될 것이고, 영어 시험에서는 필수단어가 Core가 될 수 있다. 스스로 시험 과목에서 암기가 필요하다고 생각되는 부분을 Core로 정하자.

| Core 설정할 때 유의할 점들 |

- 파레토의 2:8 원칙을 잘 지키자. 어떤 일이든 기본적인 80%는 20%의 노력만으로 도달할 수 있다. 자신의 시간에서 20% 정도의 노력을

들여 80% 정도의 성과만 보겠다는 마음가짐을 가지는 게 가장 중요하다(잊지 말라. 80%의 성과만). 이렇게 마음먹어야 '최소한'이라는 Core의 원칙을 지킬 수 있다.

- 여러 참고 자료가 있을 경우에는 반드시 '최대공약수' 부분을 Core로 삼아야 한다. 예를 들어 영어 단어 책을 고를 때는 여러 권을 비교 검토한 후 필요한 단어가 대체로 들어있다면 단어 양이 가장 적은 단어 책을 Core로 선택한다. 만일 과학탐구 영역에서 직접 Core를 정리하기로 했다면, 여러 교재를 참고하여 모든 교재에서 공통되는 최소한의 부분(즉, 최대공약수)만을 Core로 정리하자. 한 교재에는 나오지만 다른 교재에는 나오지 않는 부분은 무조건 배제한다.

② Core 만들기

해당 과목의 'Core'를 만들어보자. 영어 단어 책과 같이 직접 만들 필요 없는 경우는 적당한 단어 책을 선택해서 그 안에서 어렵고 불필요해 보이는 단어들만 검은색 펜으로 지우거나 빼버리는 정도면 충분하다. 암기과목처럼 Core를 직접 만들 수 있는 과목은 여러 교재를 참고해서 '최대공약수' 부분만 발췌해서 직접 Core를 만드는 것이 좋다.

| Core 만들 때 유의할 점들 |

- Core는 공부하며 그때그때 정리한다는 마음으로 만들어 나간다. 따로 시간을 내어 해당 과목 전체 Core를 한 번에 정리할 수도 있겠지만, 이런 방식을 권하지는 않는다. 가급적 수업이나 강의 진도에 따라

매일(또는 매주) 조금씩 만들어 갈 것을 추천한다.

- 공부하다 보면 Core의 양이 점점 늘어나는 경향이 있다. Core를 만들 때는 양이 늘어나지 않도록 특히 주의하면서 만든다.
- '수업 듣고 이해하기'→'Core 만들면서 정리하기' 순서로 공부하자. 이해한 후 핵심을 정리하는 것이 곧 Core 만들기다. 절대 암기하려 하지 말자. 물론 저절로 외워진다면 감사한 일이다.

③ Core 1회독하면서 복습하기

Core가 다 만들어지면 전체 Core를 읽어보면서 내용을 복습해 보자(절대 외우는 것이 아니다). Core를 읽으면서 잘 이해되지 않는 부분은 교과서를 참고해서 정확히 이해하고 넘어간다. 이렇게 1회독에 걸리는 시간을 체크하자.

④ Core 주기적으로 복습하기

이제 시험 전까지 Core를 주기적으로 읽어나가자. 1회독을 하고 나면 Core 전체 복습에 필요한 시간을 대강 예측할 수 있을 것이다. 일정한 시간(1주 혹은 2주)을 정해서 전체를 주기적으로 반복해서 읽어 준다. 예를 들어 어떤 과목의 Core 전체 복습에 20시간이 필요하고 본인이 2주에 1회독할 수 있다면 매일 2시간씩(2주×주5일×매일 2시간=20시간) Core를 읽어나가면 된다. 여기서 2주를 제시한 것은 나의 경우, 한번 복습한 내용이 2주가량 기억에 남아있었기 때문이다. 각자의 상황에 따라 이 기간은 다소 늘어날 수도 줄어들 수도 있다. 기억에 남아있다는 의미는 완벽히 기억한다는 의미가 아니라 다음에 볼 때 교과서를 보지 않고 Core만 보아도 그 내용을 이해하고 떠올릴 수 있는 정도를 말한다.

⑤ Core 최종 복습하기

시험을 앞두고 하루 또는 이틀에 걸쳐서 Core 전체를 빠르게 복습해 준다(읽기). 해당 과목 전 범위를 가능한 한 빠르게 한번 읽어보는 것이 중요하다. 이후 시험 때까지 Core는 따로 복습하지 않는다.

3. 효과와 한계

Core를 잘 정리하고 그 내용을 주기적으로 반복해서 읽어 시험 현장에서 그 내용이 기억에 남도록 하는 것이 핵심이다. 이런 방법은, 반복하여 읽어가기를 함으로써 교과 전체에 대한 이해를 증가시켜주면서도 암기에 대한 스트레스는 줄여주는 효과가 있다. 또한, 시험에 앞서 Core 전체를 빠르게 복습함으로써 해당 과목 전체 내용을 유기적으로 연상할 수 있게 하여 시험 현장에서의 빠른 기억 재생에 도움을 준다. 반면, Core 암기법은 암기에 대한 부담을 줄여주기 위해서 암기할 부분을 최소한으로 줄이고 있다. 따라서 평소 문제 풀이와 수업 등으로 Core 이상의 영역 또는 응용이 필요한 부분에 대하여 별도 학습과 노력을 병행해야 한다. 한편 과목의 성격에 따라 Core 암기가 적당하지 않을 수도 있다. 이런 여러 가지 상황을 고려하되, '암기가 필요한 부분을 최소화하여 핵심적인 부분을 정리한 후, 이를 주기적으로 복습하면서 점차 복습 시간을 줄여가고, 시험에 앞서 아주 짧은 시간 안에 전체 범위의 내용을 빠르게 읽어 시험 당일 머릿속에 그 내용이 잊히지 않도록 한다.'라는 프로세스를 정확히 숙지하여 독자들이 준비하는 각 시험에 맞추어 응용해 보기 바란다.

단권화 학습법

1. 목표

시험에 필요한 모든 지식을 한 권의 책이나 노트로 만들기. 자신의 인지 구조와 최대한 비슷한 방법으로 만드는 것이 중요하다. 이는 절대로 암기를 위한 것이 아니다.

2. 방법

❶ '단권화'는 Core 암기법의 응용으로 볼 수도 있고, 오히려 그 반대 방법이라 볼 수도 있다. 변호사 시험 때 사용했던 방법인데, 범위가 많은 공무원 시험이나 고시 등에 적합한 방법이라 생각된다.

쉽게 말해, 한 권의 교재 또는 직접 만든 노트를 택해서 자기가 공부한 모든 내용을 그 한 권에 정리하는 것이다. 그리고 그 교재를 주기적으로 반복해서 읽어 주며 점점 읽어가는 시간을 줄여가는 것이 핵심이다. 자신이 공부한 모든 내용을 정리한다는 점에 있어서 Core 암기법과는 반대 방법이며, 암기하지 않고 주기적으로 반복해서 읽어가며 점점 읽어가는 시간을 줄여간다는 점에 있어서는 Core 암기법과 정확히 일치한다.

❷ 학원 교재나 잘 정리된 수험서를 기본 교재로 정한 후, 이 기본 교재를 이용해서 단권화하는 방법과 자기가 직접 노트를 작성하여 단권화하는 방법이 있다.

자기구조화학습(self organized learning) 이론에 따르면, 개인마다 가진 인지 구조의 차이로 인해 다른 누군가에게는 이해하기 쉬운 방법이 자신에게는 받아들이기 어려운 방법이 될 수 있다. 특히 노트 필기나 내용 요약에서 이런 점이 잘 드러난다. 다른 사람이 만든 노트나 책이 아무리 잘 정리되어 있다고 해도 막상 읽어보면, 눈에 잘 안 들어오거나 기억하기 어려웠던 경험이 한 번쯤 있었을 것이다.

시간만 허락된다면(또는 이해하기 어려운 과목일수록) 직접 노트하면서 단권화하는 것을 추천한다. 직접 노트를 만들면서 해당 교과의 지식 체계를 자신의 인지 구조에 따라 구조화하여 이해하게 될 것이고, 이렇게 자기구조화된 지식은 자신이 가장 잘 기억할 수 있는 방식으로 필기, 정리될 것이기 때문이다. 그리고 이렇게 자신의 인지 구조에 맞게 정리된 노트는 복습 시간을 크게 줄여주며 시험장에서 빠르고 자연스럽게 기억이 떠오르도록 도와줄 것이다.

만일 직접 노트를 만들지 못할 경우라면 수험서 중에서 가장 잘 이해되는 수험서를 선택해서 단권화하되, 수험서에서 어렵거나 중요한 부분은 부분적이나마 직접 노트해서 단권화 해보는 것이 좋다. 나는 변호사 시험을 준비할 때, 〈민법〉, 〈헌법〉은 정평 있는 수험서를 기본 교재로 하여 단권화하였고(이해가 어려운 부분은 과감히 찢어 버리고, 내가 스스로 정리한 노트로 대체하였다.) 〈민사소송법〉, 〈형법〉, 〈형사소송법〉, 〈행정법〉은 직접 노트를 만들었다. 결과적으로 직접 노트를 만든 과목에서 월등히 좋은 점수가 나온 것은 당연하다. 처음 노트를 만드는 데 걸리는 시간은 매우 오래 걸렸지만 한번 노트를 만들고 나면 기존 수험서로 복습하는 데 걸리는 시간의 5분의 1도 걸리지 않았다.

❸ 다만, 직접 노트를 만드는 데는 너무 많은 시간이 필요하므로 수험 기간이 정해져 있는 경우에는 노트를 만드느라 소중한 시간을 너무 허비해버려 다른 과목 시험 공부를 제대로 하지 못하는 불상사가 생기는 경우도 가끔 보았다. 이렇게 되면 시험에 합격하기란 불가능할 것이다. 따라서 목표로 하는 시험과 과목의 성격, 남은 준비 기간을 잘 살펴 직접 노트를 만들지, 아니면 수험서로 단권화할지 신중하게 결정해야 한다.

❹ 두 가지만 꼭 기억하자. 수험서로 단권화하든 직접 노트를 만들어 단권화하든, 자신에게 가장 잘 이해되는 방식으로 만들어야 하고(자기구조화), 시험을 앞두고 하루 이틀 정도에 단권화 노트 전체를 복습할 수 있도록 그 양을 잘 고려하면서 만들어야 한다(빠른 복습이 가능한 양).

동영상 강의 활용법

1. 목표

동영상 강의를 통해 시험 공부 하는 법을 알아보자.

책을 읽고 정리하는 것은 적극적인 공부인 데 반해, 동영상 강의를 듣는 것은 소극적인 공부이다. 이 두 가지 과정에서 적절한 에너지 배분을 해 주어야 한다. 그리고 동영상 강의 특유의 지루함을 이기기 위한 별도의 전략도 꼭 필요하다.

2. 전제

이 부분은 내가 변호사 시험을 준비하며 활용했던 방법이다. 변호사 시험은 매일 8~10시간씩 3년 이상 장기간 준비해야 하기에, 매 순간 집중력을 유지하며 공부하는 게 사실상 불가능하다. 몰입과 집중에는 차이가 있는데, 몰입이 의도치 않고 저절로 빠져드는 느낌이라면, 집중은 의도적으로 한 곳에 의식을 모으는 것이기에 몰입에 비해 상당히 많은 에너지가 소모된다. 따라서 나는 하루 8~10시간 계속 집중하는 것은 불가능하다고 판단하여, '동영상 강의는 집중하지 않고 즐기는 시간'이라 생각하고 그에 맞춰 계획을 세웠다. 따라서 이 방법은 이런(집중력이 부족한) 나 자신에게 맞춤형으로 만든 방법임을 알려둔다. 이미 자신만의 방법으로 동영상 강의를 잘 활용하고 있는 분들이라면 자신의 방법을 그대로 유지하는 것도 좋다. 다만 동영상 강의 듣기가 어렵거나 다소 산만한 경우에는 이 방법을 시도해보자.

3. 방법

① 동영상 강의 보기 전에 '제목과 목차'만 보고 내용 요약하기

동영상 강의를 보기 전에 교재에서 오늘 볼 범위에 해당하는 제목과 목차만 보고 5분가량 내용을 요약해본다. 당연히 전혀 모르는 내용이기에 추측이라고 보는 것이 맞을 것이다. 하지만 전혀 상관없다. 제목과 목차만 보고 내용을 '추측해보는 것' 자체에 의미가 있다. 요약한 내용은 책에 표시하지 말고, A4용지나 연습장에 간단히 메모해 두자.

② TV 보듯이 동영상 강의를 본다.

중요한 부분인데, 동영상 강의를 너무 집중해서 보면 안 된다. 우리가 TV를 볼 때 의도적으로 집중해서 보는 경우는 없지 않은가. 마찬가지로 동영상 강의를 볼 때도 집중해서 볼 필요는 없다. 강의를 보다 이해가 안 되거나 집중력이 흐트러져 놓치는 부분이 있으면, 정지한 다음 돌려보거나 되풀이해서 보면 된다. 편한 마음으로 최대한 즐긴다는 자세로 보자.

③ 강의를 보면서 '연필'로 교재에 표시하거나, 연습장에 '휘갈기듯' 메모하며 필기한다.

동영상 강의는 내용 전체를 이해하기 위한 것이며, 완벽한 정리를 위한 과정이 아니다(정리는 강의를 본 후 별도로 시간을 들여서 따로 해야 한다). 강의를 보는 중에는 강의를 따라가며 연필로 휘갈기듯 계속 필기하거나 주요 내용을 책에 표시해 준다. 이는 '단권화'를 위한 준비과정이다.

나는 공부할 때 절대 음악을 듣거나 음식을 먹지 않는데, 그 이유는 멀티플레이도 못 할뿐더러, 음악과 음식이 공부에 대한 집중을 크게 방해했기 때문이다. 그런데 예외로 동영상 강의를 볼 때는 가벼운 음악을 틀어 두거나 음식을 먹으며 보는 경우가 많았다. 최대한 릴렉스한 상태에서 이 순간을 즐기는 자세를 유지하려 노력했기 때문이다. 이유는 간단하다. 동영상 강의는 TV 보듯 가볍게 보아야 오래 볼 수 있고 지치지 않을 수 있기 때문이다.

내 생각에 '진짜 공부'는 혼자 하는 것이다. 직접 책을 읽고 고민하며 생각을 정리하고 답을 찾아가는 과정에서 지식이 축적되고 축적된 지식이 구조적인 지혜로 승화되는 것이다. 따라서 이런 진짜 공부(책을 읽고 정리하며 답을 찾아가는 과정)는 그 자체로 고도의 집중력을 요구하기에 하루 종일 진행할 수는 없다. 진짜 공부에 최대한 집중하기 위해서, 그렇지 않은 시간에는 집중에 필요한 에너지를 아끼려고 노력한 것이다.

나는 변호사 시험을 준비하며 하루 공부 시간의 절반 이상을 동영상 강의에 투자했는데, 이때는 말 그대로 '최대한 쉰다', 'TV 대신 본다'라는 마음으로 하려고 했다. 변호사 시험은 공부량이 너무 많다 보니 한 과목당 한 번 이상 동영상 강의를 보기는 어려웠기에 모든 강의가 새로움의 연속이었다. 매너리즘에 빠지지는 않았지만 반대로 잘 모르는 내용이라 처음부터 흥미를 느끼기에도 어려움이 있었다. 그래서 최대한 재미있는 강의를 찾아서 보고 들으려 했고, 흥미를 잃지 않기 위해 반드시 강의 전에 '목차 보고 내용 추측해서 요약하기'를 하였다.

많은 독자들이 이런 질문을 던질 것이다. 'TV 보듯이 건성건성 봐서 공부가 되냐고?'

이 부분은 선택의 영역이다. 24시간 모든 부분에서 집중할 수 있다면 더할 나위 없겠지만, 내 경우 그건 불가능했다. 결국 선택과 집중을 해야 하는데, 나는 '단권화 노트'를 하는 과정에 최대한 집중하였고, 동영상 강의는 그 준비 과정으로 최대한 가벼운 마음으로 즐기듯 보았다. 집에서 공부할 때는 가벼운 음악을 듣거나 운동을 하면서 보기도 했고, 견과류를 놓고 먹으며 보기도 했다. 주말이나 공강 시간에는 경치 좋은 제주도 어느 중산간 카페에서 노트북으로 동영상 강의를 보기도 했고, 아주 가끔은 해변에서 음성 강의만 듣기도 했다.

대신 목표는 분명했다. 강사가 하는 설명을 빠뜨리지 말고 연습장에 휘갈겨 쓰는 것이었다. 강사가 하는 설명이나 내용은 대부분 교재에 나와 있다. 그래서 사실 휘갈겨 쓸 것도 많지는 않았다. 대부분은 강사가 말하는 내용에 따라 교재에 중요 표시를 해 두는 정도였다.

④ 이해가 안 되는 부분은 되풀이해서 보고 듣는다.

이해가 안 되는 부분은 되풀이해서 보고 들어 준다. 이 점이 동영상 강의의 최대 장점이며, 내가 강의에 집중하지 않고 편한 마음으로 강의를 보겠다고 결심한 이유다. TV 보듯이 강의를 본다고 해서 정말로 TV처럼 강의를 보고 듣기는 어렵다. 다만 이런 마음가짐으로 긴 시간 동영상 강의가 주는 지루함과 집중력 난조를 어느 정도는 막을 수 있었다. 그리고 '놓치거나 이해가 안 되면 다시 보면 되지 뭐'라는 마음을 가지고 있었기에, 언제나 편안히 강의를 볼 수 있었다. 결론적으로 이런 마음가짐을 가진 것이 긴 시간 동안 지치지 않고 동영상 강의를 볼 수 있었던 원동력이었다고 생각한다.

⑤ 동영상 강의가 끝나면, 휘갈겨 둔 필기와 교재에 표시해 둔 부분을 가지고 '단권화 작업'을 진행한다.

동영상 강의의 목표는 두 가지다. 하나는 그 내용 전체를 (대강이나마) 이해하는 것이고, 다른 하나는 단권화 작업에 필요한 자료를 준비하는 것이다. 따라서 단권화 과정이 빠진 동영상 강의 보기는 의미가 없다. 동영상 강의 후 보았던 내용을 빠르게 단권화하도록 하자. 단권화 작업은 그 자체로 복습 시간이기도 하다. 물론 이때는 음악도 꺼두고, 간식도 먹지 않는 게 좋겠다.

제3장
공부법보다 더 중요한
'공부 전략'

단기전과 장기전

'시험을 위한 공부'를 위해서는 우선, 시험에 맞는 전략을 세워야 한다. 시험전략은 준비하는 시험이 '단기전'인지 아니면 '장기전'인지에 따라 달라진다. 같은 시험이라도 사람에 따라 단기전이 될 수도 있고 장기전이 될 수도 있다. 2년 후 수능 시험을 준비하는 고2 학생에게는 수능 시험이 장기전이 되겠지만 4개월 후 시험을 봐야 하는 반(半)수생에게는 같은 수능 시험도 단기전이 되는 것이다.

단기전과 장기전을 구별해보자. 우선 간단히 시험에 필요한 준비기간에 따라 3개월~6개월을 단기전으로 정의하고, 그 이상을 장기전이라고 생각해 볼 수도 있겠다. 다만 이는 사람에 따라 다르고, 다소 가변적인 부분이다. 나는 여기서 좀 다른 기준을 제시하고자 한다. 시험을 준비하면서 가장 취약한 과목을 하나 선택하자. 만일 수능 시험에서 수학이 취약하다면 수학을 선택하자. 이때 수능 시험까지 남은 시간을 고려해서 한 달 이상 공부 시간의 70% 이상을 수학 한 과목에만 투자할 수 있다면 이는 장기전으로 구분하고, 그럴 수 없다면 단기전으로 구분한다.

장점의 극대화와 단점의 극복

단기전과 장기전에서는 시험 총점을 높이기 위한 전략이 서로 다르다.

단기전에서는 '장점을 극대화'하는 전략을 사용하자. 즉 단점을 극복하기보다는 잘하는 과목을 더욱 잘할 수 있도록 준비하고 그 과목에서 실수를 줄이는 방향으로 전략을 짜는 것이 좋다. 체력 관리(운동과 수면)보다는 컨디션 관리(스트레칭과 명상)에 집중하자. 본인의 체력이 허락하는 한 좋은 컨디션을 유지하도록 노력해야 한다. 운동은 장기간 지속할 경우 체력을 증진시켜 주지만 단기적으로는 피로감을 유발할 수 있다. 간단한 스트레칭과 명상 등을 통해 일정하고 나쁘지 않은 컨디션을 유지하는 데 집중해야 한다. 단기전에서는 컨디션 난조에 빠지는 것을 경계해야 한다. 만일 심한 불면증과 함께 수면 관리에 어려움을 겪고 있다면, 병원에 찾아가 단기적인 수면 처방을 받는 것도 고려해보자.

장기전에서는 단점을 극복하는 데 초점을 두어야 한다. 총점을 높이고 원하는 결과를 얻기 위해서는 발목 잡히는 과목이 없어야 한다. 시간 여유가 있을 때, 가장 성적이 안 좋은 과목에 집중하여 일정 정도 수준까지 올리려는 노력이 필요하다. 단점을 극복하려 할 때도 주의할 점이 있다. 특정 과목의 목표 점수와 할애할 시간을 미리 정해 두어야 한다는 것이다. 왜냐면 시간 여유가 있다고 하더라도 가장 성적이 안 좋은 과목의 성적을 올리는 데는 분명 한계가 있기 때문이다. 따라서 적정한 목표 점수를 정하고 충분한(그리고 딱 정해진) 기간과 시간을 배정하되, 그 목표를 조기에 달성하거나 반대로 예정한 기간을 다 소비해도 목표에 도달하지 못했다면 과감히 중지하고 전체 과목을 다시 고르게 공부하는 단계로 전환해야 한다. 장기전에서는 컨디션 관리보다 체력 관리에 집중해야 한다. 체력 관리는 운동과 수면으로 구성되는데, 처음 운동을 시작할 때 다소 피곤하여 공부에 방해되더라도 심하지만 않다면 꾸준히 이어가는 것이 좋다. 수면 또한 억지로라도 충분한 수면 시간을 가져야만 장기적으로 체력이 유지될 수 있다. 수면에 어려움을 겪는다면 적극적으로 병원의 도움을 받되 약물 처방은 가급적이면 피해야 한다. 운동과 수면 관리에 대하여는 다음 절에서 더 자세히 설명하겠다.

전체적으로 단기전에서는 '내가 가진 에너지를 효율적으로 사용하는 것'에 초점을 맞추고, 장기전에서는 '나의 총에너지 수준을 높이는 것'에 초점을 맞추면 큰 무리가 없을 것이다. 어떤 시험이든지 시험 전략의 첫 단계는 내가 준비할 시험이 단기전인지, 장기전인지 정확히 판단하는 데서 시작해야 한다.

체력 관리와 컨디션 관리

시험을 준비하며 공부 못지않게 중요한 것은 체력 관리와 컨디션 관리다. 나는 체력 관리는 에너지 수준을 높이는 일체의 노력으로 정의하고, 컨디션 관리는 에너지를 전체적으로 고르게 유지하는 노력으로 정의한다.

체력 관리에 대하여

체력이란 무엇일까? 체력은 한마디로 '회복력'을 의미한다. 일정 시간 육체적 정신적 에너지를 사용하고 나서 얼마나 빨리 사용 전과 같은 상태로 되돌아오는가가 체력의 관건이다. 따라서 달리기하는 체력은 일정 시간 달린 후 얼마나 빨리 그 시간을 다시 달릴 수 있는가가 될 것이고, 선발투수의 체력은 야구공 백 개를 던진 후 얼마나 빨리 동일한 구속의 야구공 백 개를 다시 던질 수 있는가가 될 것이다. 공부도 마찬가지다. 공부할 때 체력이란 하루 종일 앉아서 집중해 공부하다가 충분한 휴식(수면 등)을 취한 후, 얼마나 빨리 다시 의자에 앉아서 동일한 시간 동안 집중할 수 있는가에 달려있다. 만일 일정 시간 휴식 후 자리에 앉아서 공부하더라도 집중이 잘되지 않거나 육체적 피로를 느낀다면 아직 체력 회복이 되지 않은 것이다. 그리고 이것은 체력이 떨어지고 있다는 의미이기도 하다. 우리의 체력 목표는 매일 일정 시간 자리에 앉아 일정한 집중력을 꾸준히 유지하는 데 있다.

공부에서 체력은 여러 가지 요소의 영향을 받지만 나는 크게 두 가지 점을 강조한다. 바로 운동과 수면이다. 일정한 시간 앉아서 공부하는 능력은 의외로 상당한 신체적 스트레스를 동반한다. 달리기나 웨이트 운동으로 육체 능력을 향상시키자. 언뜻 보기에 앉아있는 능력과 무관해보일 수 있지만 장기적으로 보면 이런 육체적 능력의 향상이 지치지 않고 의자에 앉아있는 능력의 근간을 이룬다. 따라서 만일 의자에 앉아있는 것이 힘들다면 바로 운동을 시작하자.

어떤 운동도 상관없지만 여기서는 달리기를 기준으로 한다. 공부 체력을 기르기 위한 달리기 운동의 원칙은 다음과 같다.

첫째, 힘들지 않은 속도로 달리기
둘째, 지치지 않을 정도까지만 달리기

이게 전부다. 독자들은 마라톤을 해본 적이 있는가? 마라토너들은 40km가 넘는 거리를 그다지 힘들어하지 않으며 달릴 수 있다. 만일 여러분이 마라톤을 완주하고 싶다면 먼저 힘들지 않게 100미터를 달려보라. 그다음에 힘들지 않게 1,000미터를 달려보고 이어서 힘들지 않게 2,000미터를 달려보자. 이렇게 힘들지 않게 달릴 수 있는 거리를 점점 늘려가다 보면, 어느새 힘들지 않게 마라톤도 완주하게 될 것이다. 운동은 힘들면 안 된다. 힘들면 운동이 되지 않고 노동이 되어버린다. 특히 공부 체력을 기르기 위한 운동은 절대로 힘들면 안 된다. 힘들어야 운동이 된다는 착각은 배가 불러야 영양가가 있다는 생각만큼이나 어리석은 생각이다.

그렇다면 '힘들지 않게 달리기'의 기준은 무엇인가? 한가지 기준을 제시하겠다. 옆 사람과 간단한 이야기는 할 수 있지만 계속해서 노래를 부를 수는 없는 수준, 우선 이것을 힘들지 않게 달리기의 기준으로 삼아보기 바란다. 운동 전문 용어로 'Zone 2 training'이라고 한다.

그리고 달리다가 힘들어 지친 후 멈춘다면 당신은 과욕을 부린 것이다. 달리기는 지치기 전에 멈추는 것이 매우 중요하다. 즉 더 달릴 수 있을 때 멈추어야 한다는 것이다. 지치기 전에 멈추기를 반복하면 처음에는 1분을 달리고 그다음에는 5분을 달리고 그다음에는 30분을 달려도 지치지 않은 상태에서 운동을 멈출 수 있게 될 것이다. 잊지 말자. 운동하다 지쳐버리면 체력이 증진되지 않고 그때부터는 체력이 오히려 소모되기 시작한다. 또한, 운동 후 회복에 걸리는 시간이 너무 길어져 일상생활(우리들의 경우에는 공부)에 지장을 받게 된다.

지치지 않는다는 것은 어떤 것일까? 만일 여러분이 운동을 끝낸 후 한 시간 정도 지나서도 피곤함이 남거나 집중력이 방해받는다면 그것은 지친 것이다. 운동 후 잠시 피곤할 수는 있지만 한 시간 정도 지나면 피곤함이나 집중력 저하는 없어야 제대로 운동한 것이다. 이게 지치지 않게 운동한다의 기준이다.

수면은 체력의 또 다른 요소이다. 나이 들수록 느끼는 건데, 인생의 성패는 얼마나 잘 잠들 수 있는가에 달린 것 같다. 잠은 육체 피로를 회복시켜 줌과 동시에, 낮에 공부한 내용을 머릿속에서 정리하고 기억하게 하는 작용을 한다. 따라서 아무리 공부를 많이 하더라도 충분한 수면을 취하지 못하면 공부 효율이 제대로 나올 수 없다.

나는 개인적으로 '수면은 수명이다.'라는 신조를 지니고 있다. 어떠한 일을 하기 위해 잠을 줄인다는 것은 그 일과 내 수명을 맞바꾸는 것이다. 따라서 내가 수면을 줄여 공부한다면 그것은 공부 때문에 내 수명을 줄이는 것과 같다. 따라서 절대 수면을 가볍게 여기지 말자. 무리하게 줄여서는 안 된다.

잠을 잘 자기 위한 노력에는 여러 가지가 있다. 여기서는 수면장애를 겪고 있는 분들을 위해 병원과 수면제 등에 관해 이야기하겠다. 만일 수면에 대한 문제를 겪고 있다면 반드시 병원에 가보도록 하자. 병원에서 수면다원검사 등 각종 검사를 통해 문제 원인을 대부분 해결할 수 있다. 약물을 사용하는 경우는 거의 없으며 대부분

비약물 요법으로 수면장애를 극복할 수 있다. 단 수면장애는 다소 긴 치료 기간과 적응 시간이 필요하므로 시험에 임박하여 가기보다는 다소 여유 있을 때 병원을 찾는 것이 좋다.

경우에 따라 수면제도 사용할 수 있다. 단 반드시 전문의의 처방이 있어야 하고, 절대 3~4일을 넘겨서는 안 된다. 사람에 따라서는 평소에는 잠을 잘 자다가도, 시험을 앞두고 너무 긴장하여 전날이나 전전날부터 잠을 못 이루는 경우가 있다. 본인이 이런 경우에 해당한다면, 시험 전날이나 2~3일 전부터는 수면제를 복용하는 것이 시험에 도움이 될 수도 있다. 다만 수면제는 종류가 다양하고 특유의 부작용이 있을 수 있다. 약간 몽롱해지면서 잠은 들지 않거나, 잠이 들지 않고 한 행동이 기억나지 않는 문제 등이 있을 수 있고, 시험 당일 인지능력에 방해가 되어 평소 실력을 거의 발휘하지 못하는 경우도 많다. 따라서 만일 본인이 시험을 앞두고 잠을 못 이루는 체질이라면 시험 두세 달 전에 미리 전문의를 찾아 상의해서 약물을 처방받아 먹어본 후, 본인에게 가장 부작용 없는 수면제가 무엇인지 알아두는 것이 좋다. 다만 수면제는 습관성이 될 수 있으므로 전문의의 상담과 처방 없이는 절대로 먹어서는 안 되고, 먹더라도 3~4일을 넘기지 않아야 한다.

가끔 수면에 도움을 받고자 술을 마시는 사람이 있다. 굉장히 위험한 행동이다. 알코올은 당장 잠에 빠지는 데는 도움을 주는 것 같지만, 오히려 깊은 수면을 방해한다. 술에서 깨면서 깊은 잠에서도 깨기 때문이다. 더욱이 알코올은 수면 중 코골이나 수면무호흡증을 유발하기 쉬운데, 수면무호흡 상태에서는 혈중 이산화탄소의 양이 늘어나서 심장박동이 빨라지게 된다. 빠른 심장박동은 깊은 수면을 방해하는 것은 물론이고, 그다음 날 육체 피로와 함께 지속적인 심리적 불안정을 가져올 수 있다. 당연히 컨디션 저하와 약한 우울 상태를 유발할 수 있기에 공부에 심각한 방해가 되는 것은 당연하다. 수면을 위한 알코올은 어떠한 경우에도 절대 금할 일이다.

컨디션 관리에 대하여

우리 몸의 에너지는 몸의 모든 부분에서 동시에 줄어드는 경우는 별로 없다. 우리 몸에서 에너지가 부족할 때는 대부분 특정 부위의 에너지가 다른 부위에 비해 상대적으로 더 나빠지며 에너지 불균형이 일어나게 된다. 예를 들어, 건강할 때 에너지 수위를 머리, 심장, 소화기 모두 100이라 하면, 몹시 피곤할 때는 머리 30, 심장 90, 소화기 70, 이런 식으로 신체 부위마다 그 수위에서 차이가 나게 된다. 그리고 우리 몸에서 에너지가 불균형할 때는 에너지가 가장 낮은 부위의 수준에 따라 몸 전체 컨디션이 결정된다. 즉 앞의 경우에서 머리의 에너지 수위인 30에 따라 우리 몸 전체의 컨디션도 30으로 결정되는 것이다. 따라서 이런 경우 심장이나 소화기의 에너지 수준이 아무리 높더라도 우리 몸은 심한 육체적 피로를 느낄 수밖에 없다. 육체적인 부분만이 아니다. 심리적인 면을 보면,

우리 신체 각 부위의 에너지 수위가 크게 차이 나면 심리적 불안감 또한 큰 폭으로 증가하는 경향이 있다. 따라서 컨디션 관리는 우리 몸 전체 에너지를 높이는 것이 아니라, 우리 몸속 각 에너지를 골고루 분포하게 하여 육체적 피로를 줄이고 심리적 불안을 낮추는 방법이다(그 결과 30 정도였던 머리 쪽 에너지 수위가 60 정도로 올라오게 되는 것이다. 당연히 우리 몸 전체 에너지 수위도 30에서 60으로 오르게 된다). 이를 위한 방법으로는 스트레칭과 명상이 좋다.

스트레칭과 관련한 정보는 인터넷에서 손쉽게 찾을 수 있다. 스트레칭은 맨손으로 몸을 늘리는 방법과 벽에 대고 힘을 주는 방식이 있고, 그 밖에 폼롤러나 마사지 볼 같은 도구를 이용해 지압하듯 몸을 마사지해 주는 방식이 있는데, 경험상 신체적 · 정신적으로 일정한 컨디션을 유지하는 데는 폼롤러나 마사지 볼을 이용해 몸을 지압, 마사지하듯 눌러주는 스트레칭이 좀 더 도움이 되었던 것 같다. 독자들께서도 다양한 방식의 스트레칭을 해보고 자신에게 맞는 스트레칭 방법을 찾아보기를 권한다.

명상은 쉬우면서도 어렵다. 나는 심장이 너무 두근거리거나 머리가 아플 때, 피곤하고 지칠 때 명상을 하곤 한다. 명상도 그 종류가 수백 가지가 넘기에 여기에서 소개하는 방식은 그중 한 가지로만 이해하고, 자신에게 맞는 방식을 스스로 한번 찾아보기 바란다. 다만 여기에서 제시하는 방식은 의학적으로 이미 검증이 되었고, 부작용도 없으며 손쉽게 할 수 있는 방식이기에 한 번쯤 따라 해보기를 권한다. 순서는 다음과 같다.

첫째, 앉거나 누워서 몸에 힘을 빼고 마음을 편안히 한다.
둘째, 편안히 두세 번 호흡한다.
셋째, 내 몸이나 마음 아무 곳 하나를 바라본다. 그저 바라본다.

명상은 꼭 앉아서 할 필요는 없다. 나는 누워서도 하고 앉아서도 하는데, 그때그때 가장 편한 자세로 한다. 몸을 편안히 하고 이어서 마음도 편안히 한 후 숨을 두세 번 쉬어 준다. 그리고 마음속으로 내 몸 한 곳을 바라본다. 머리가 아픈 날이라면 머리를 바라본다. 마치 남이 되어 바깥에서 내 머리를 바라보듯 그냥 바라본다. '어? 머리가 아프네. 음… 아프구나.'라고 생각하며 그냥 바라본다. 아프지 말아야겠다는 생각이나 왜 아플까 하는 생각은 하지 않는다. 그저 남을 보듯 바라본다. '아프구나….' 그러다가 숨을 크게 쉬어보기도 하고 몸이 불편하면 뒤척이며 몸을 편안히 해 주기도 한다. 그러다 갑자기 심장 박동이 느껴지면 '아! 심장이 뛰는구나. 심장이 박동하네.'라며 바라본다. 집중한다는 표현은 적당하지 않고 그저 바라본다. 남을 관찰하듯 그저 바라본다는 표현이 적당하다.

몸이 아니라 마음을 바라볼 수도 있다. 낮에 말다툼 한 사람이 있어 화가 날 경우 '어, 지금 내가 화가 나 있네. 음… 가슴이 답답하고 화가 나 있구나.'라며 화가 난 마음 상태를 바라본다. 이때 화를 가라앉히려 하거나 화가 난 이유를 생각하지는 않는다. 그저 그렇게 화가 난 내 마음속을 들여다볼 뿐이다. 이처럼 내 몸과 내 마음을 들여다보고 있으면, 놀랍게도 어지러웠던 마음이 가라앉고 몸의 불편함도 정리되는 것을 느낄 수 있다. 몸의 컨디션과 마음의 상태에 따라 들쑥날쑥한 에너지 분포가 전체적으로 고르게 정리되는 것이다.

다시 강조하지만, 우리 몸과 마음의 컨디션은 에너지 수준이 가장 좋은 부위 상태에 따라 결정되는 것이 아니라 항상 가장 좋지 않은 곳의 상태에 따라 결정된다. 아무리 심장과 간이 건강하더라도 콩팥이 나빠 수술을 앞두고 있으면 그 사람의 전체적인 건강 상태는 콩팥의 상태에 따라 결정되는 것과 같다. 마음도 그렇다. 아무리 행복하고 즐거운 일이 가득해도 마음속 근심 하나가 내 마음의 전체 상태를 결정해버린다. 명상은 내 몸과 마음의 치우친 에너지를 평탄하게 만들어서 가장 나쁜 곳의 에너지 수준을 높이 끌어올려 준다. 그 결과 우리는 나쁜 상태에서도 최악은 피할 수 있고, 아주 건강하지는 못하더라도 그리 나쁘지 않은 컨디션으로 그날의 일을 수행할 수 있게 되는 것이다. 매 순간 좋은 컨디션을 유지하기 위해 자신의 몸과 마음을 그냥 바라보도록 하자.

동기 부여: 접근 동기와 회피 동기

아주대학교 김경일 교수님에 따르면, 인간의 행동은 '원하는 것에 가까이 다가가고자 하는 접근 동기'와 '싫어하는 것(또는 위기)을 피하려는 회피 동기', 이 두 가지 동기에 의해서 결정된다고 한다. 더 좋은 집을 사기 위해서 적금을 드는 것은 접근 동기에 따른 행동이라 볼 수 있고, 방학 숙제를 안 해 가면 벌 받는 게 싫어서 개학 전날 밤새워 숙제하는 것은 회피 동기에 따른 행동이라고 볼 수 있다. 그런데 어떤 행동이 접근 동기에 의한 것인지 아니면 회피 동기에 의한 것인지 정확히 구분하는 것이 생각보다 쉬운 일은 아니다. 예를 들어 우리가 다이어트를 위해 계획된 식단에 따라 두 달째 하루 세 끼 닭 가슴살만 먹고 있다고 상상해보자. 이때 우리는 뚜렷한 목표(체중감량)에 접근하고자 하는 동기에 따라 기꺼이 맛없는 단백질 덩어리를 먹고 있는 것이다(즉, 접근 동기). 그런데 한편 이 맛없는 닭 가슴살을 참고 먹는 또 다른 이유는 매콤하고 맛있는 라면이나 달콤한 아이스크림을 먹은 다음 날 겪게 될 체중 증가라는 끔찍한 결과를 피하고자 하는 동기 때문일 수도 있지 않겠는가(즉, 회피 동기). 이처럼 하나의 행동이 접근 동기에 따른 것인지 회피 동기에 따른 것인지 정확히 구분하기 어려운 경우가 많다. 공부와 관련해서는 특히 그렇다.

다음은 하버드 대학교 기숙사에서 오랜 기간 사감을 역임한 어느 교수님의 이야기이다. 90년대 하버드 대학교 기숙사에는 주말이면 공중전화 부스를 붙들고 모국에 있는 가족들에게 울면서 장시간 전화하는 유학생들을 쉽게 볼 수 있었다고 한다. 그런데 그 사감이 관찰한 바로는 아시아계 유학생들과 남미계 유학생들이 전화를 끊고 나서 보이는 반응이 상당히 달랐다고 한다.

| 아시아(한국) 유학생 |

학생 : 엄마 나 너무 힘들어. 공부하기 힘들어 죽을 것 같아….

엄마 : 얘야. 네가 어떻게 하버드까지 갔는지 생각해봐.
넌 할 수 있어. 이 고비만 넘기면 너에게 얼마나 멋진
미래가 펼쳐질지 상상해봐~
힘들지… 힘든 거 알지…. 하지만 우리 조금만 더 참자.
우리 딸 엄마가 믿어요~!

| 남미 유학생 |

학생 : 엄마 나 너무 힘들어. 공부하기 힘들어 죽을 것 같아….

엄마 : (대성통곡하며) 아이고~ 우리 딸. 당장 거기 때려치우고 돌
아와라~
난 우리 딸 없으면 못살아! 공부 같은 거 필요 없으니

당장 때려치워라. 나쁜 미국~. 나쁜 선생들.
하버드 그거 아무것도 아니야. 다 필요 없어.
그냥 들어와. 나에겐 네가 필요해~!

지금 먼 타국에서 전화한 이 순간 그 학생의 마음은 일 년 후가 아니라 당장 내일도 그려보기 힘든 절박한 마음일 것이다. 지금 이 순간 극한의 고통 속에서 가족에게 전화한 그 이유는 무엇이겠는가. 당연히 그 고통을 피하고자 하는 '회피 동기에 따른 행동' 아니겠는가. 그리고 이런 회피 동기에 따른 고통을 호소하는 자녀에게는 당연히 그 위급한 고통을 피하거나 제거할 수 있도록 도와주는 것이 최선이다. 당장 내일 죽을 것 같은 위기 속에서 십 년 후의 화려하게 보장된 미래가 무슨 소용 있겠는가. '당장 때려치워라. 그만두어도 된다. 그깟 졸업장 없어도 된다.'라는 말은 심리적으로 극한의 상황에 처한 학생들, 즉 실패하면 안 되고 실패하면 모든 것이 끝이라는 생각에 빠져 있는 학생들에게 '실패해도 괜찮다. 아무 문제 없다.'라는 심리적 위안을 가져다준다. 즉 지금의 급한 위기 상태를 심리적으로 제거해 주는 것이다. 그리고 이 말은 학생의 인생을 놓고 봐서 정답은 아닐지라도 지금 이 순간 가장 적절하고 필요한 말이 아닐 수 없다.

여러분이라면 어떤 선택을 하겠는가. 선택은 자유지만 하버드 대학에서 아시아계 유학생들의 자퇴 비율이 남미계 유학생들의 두 배가 넘는다는 것은 많은 것을 시사한다. 위 사감의 이야기로 돌아가 보면, 전화를 끊고 나서 아시아계 학생들은 대체로 말없이 방으로 들어가거나 또다시 누군가에게 전화를 걸어 우는 경우가 많았다고 한다. 그리고 전화를 끊은 남미계 학생들은 대부분 친구들과 함께 밥을 먹으러 간다고 한다. 마치 아무 일도 없었다는 듯이.

타인에게 공부에 대한 동기를 부여하고자 할 때는 매우 조심해야 한다. 타인에게 필요한 것이 접근 동기인지 회피 동기인지 잘 살펴서 접근 동기가 필요하다면 장기적이고 미래 지향적인 보상에 관한 조언을 해 주고 회피 동기에 따라 어떤 행동을 하는 것이라면 그 동기에 맞게 급한 위기를 제거하고 지지해 주는 것이 좋다. 그리고 스스로 공부 때문에 힘이 들 때도, 힘든 이유가 접근 동기의 부족 때문인지 아니면 회피 동기의 등장 때문인지 판단하여, 거기에 맞는 대책과 자기 보상이 있어야 한다. 문제는 힘들어하는 우리도 스스로 어떤 동기가 원인이 되어 힘들어하는지 정확히는 잘 모른다는 것이다. 이 점은 자신에 대한 이해와 관심을 꾸준히 계속 가져가야만 알 수 있는 부분이다.

: 참고 :

기회가 되면 김경일 교수님의 책을 보거나 강연(유튜브에 김경일 교수님의 좋은 강연이 많다)을 들어보기를 추천한다. 교육학자 입장에서 보자면, 심리학자로서 김경일 교수님이 보여주는 세련되고 놀라운 통찰은 교육과 공부법의 핵심을 잘 짚어 주는 것 같다. 나 자신과 타인을 더 잘 이해하는 데 분명 도움이 될 것으로 생각한다.

슬럼프 대처법

시험 공부가 길어지면 누구나 갑작스러운 무기력이나 집중력 장애 또는 일시적인 우울증을 겪을 수 있다. 소위 슬럼프가 오는 것이다. 공부에 있어 이런 슬럼프는 필연적이다. 아니 인생 모든 면에서 슬럼프는 항상 따르게 마련이다. 따라서 우리는 슬럼프가 오지 않도록 기도할 것이 아니라, 언젠가는 반드시 찾아올 슬럼프에 미리 대비하는 지혜를 가지는 것이 좋다.

시험 공부 중 겪게 되는 슬럼프와 관련해서는 '멘탈 강화' 또는 '멘탈 관리'라는 맥락에서 다루어지는 경향이 있는 것 같다. 소위 공부 고수들의 경험담이나 일타 강사들의 강의를 보면 나태해진 정신력을 꾸짖고 강한 동기를 부여해 주는 멘탈 관리에 대한 이야기들이 빠지지 않고 등장하는데, 분명 나태해진 심리상태를 다잡는 데는 이런 꾸짖음이 도움이 될 것이다. 그런데 이런 멘탈 관리에는 주의해야 할 점이 하나 있다. 바로 '나태해보인다'는 점에 대한 잘못된 선입관이 그것이다.

교육이나 공부에 대하여 사람들이 이야기할 때는 학술적인 내용

보다는 개인의 경험과 직관이 더욱 크게 작용하기 때문에, 보통 우리는 자신의 경험과 직관에 의지해서 학생들의 나태함을 꾸짖는 경우가 많다. 그런데 이 경우 학생들의 문제가 정말로 나태함 때문이라면 문제가 없지만 그렇지 않은 경우 오히려 더 큰 부작용이 생길 수도 있다.

앞에서 접근 동기와 회피 동기에 대하여 이야기했었는데, 심리적인 위축에도 이와 유사한 작용이 일어난다. 즉 장기적인 에너지 감소와 목표 상실 등 접근 동기와 관련되어 발생하는 위축이 하나 있고, 단기적인 나태함과 자극이 결여된 회피 동기와 관련된 위축이 또 하나 있다. 단기적인 나태함과 회피 동기가 부족한 경우에는 따끔한 질책과 꾸짖음이 큰 효과를 보일 수 있다. 소위 '멘탈 관리'가 필요한 경우가 여기에 해당한다. 그런데 우리가 시험 공부 중 반드시 겪게 되는 '진짜 슬럼프'는 대부분 이런 단기적인 나태함과는 거리가 멀다. 슬럼프는 인간 인내력의 한계에서 겪게 되는 일종의 번아웃 현상으로 이해되는데, 이런 경우에는 "열심히 해!", "너도 할 수 있어!"와 같은 격려나 꾸짖음이 오히려 역효과나 부작용을 일으킬 수 있다.

슬럼프 또는 번 아웃 증상은 나태함과는 아무런 관련이 없다. 오히려 지나치게 긴장하고 과도한 에너지를 써서 생기는 문제이므로 질책이나 긴장보다는 충분한 휴식과 심리적 지지가 더 중요하다.

문제는 슬럼프가 온다고 해서 우리가 충분한 휴식을 취할 만큼 여유롭지 않다는 것이고, 나를 지지해 줄 사람이 항상 옆에 있는 것도 아니라는 점이다. 따라서 머지않아 반드시 마주하게 될 슬럼프에 대비하기 위해서 미리 휴식과 심리적 지지에 대한 몇 가지 방법들을 갖추어 두는 것이 중요하다. 여기에서는 내가 슬럼프를 극복하기 위해서 준비해 두었던 몇 가지 방법을 이야기해보고자 한다. 긴 여행에 필요한 비상 상비약이라는 기분으로 들어 주기 바란다. 핵심은 정신적 휴식과 심리적 지지에 있다.

종교와 휴식, 그리고 연애

너무 당연한 이야기지만, 종교를 가지고 있는 사람들은 종교활동을 통해 정신적 휴식과 심리적 지지를 얻을 수 있다. 따라서 종교생활은 슬럼프를 예방하거나 슬럼프 극복에 매우 효과적이다. 종교를 가지고 있거나 가지고 있었더라면 시험 공부 기간에 규칙적인 종교활동을 유지하라고 권하고 싶다. 문제는 종교가 없던 사람이 갑자기 종교를 가지는 것인데, 여기에는 여러 가지 장단점이 있다. 시험 공부 기간에는 종교가 목적이 아닌 수단이 되도록 조금씩 조절해 가는 지혜가 필요하다.

계획적인 휴식도 매우 중요하다.

등산을 하거나 장거리 라이딩을 할 때 항상 강조하는 것은 '목마르기 전에 물 마시고, 지치기 전에 미리 쉬어야 한다.'는 것이다. 목이 마른다고 느끼면 이미 우리 몸은 탈진한 상태일 가능성이 높다. 따라서 탈진하지 않고 계속 움직이기 위해서는 목마르기 전에 미리 물을 마시고 지치기 전에 미리 쉬는 것이 중요하다. 공부도 마찬가지다. 슬럼프를 줄이기 위해서는 주기적으로 조금씩 시간을 내어 지치기 전에 틈틈이 휴식을 취하는 것이 좋다.

휴식과 관련해서 한 가지 더 이야기하고 싶다. 만일 나에게 한 시간의 휴식 시간이 주어진다면 무엇을 할 것인가? 세 시간 혹은 하루의 시간이 주어진다면? 여기에 대한 답을 미리 생각해 두자. 한 시간, 세 시간, 하루, 그리고 이틀 정도의 시간이 생기면 어떤 일을 하며 어떻게 휴식을 취할지 미리 생각해두는 것이다. 예전에 프로 골퍼 박세리 선수가 대회에 나갔을 때, 갑자기 태풍이 불어 하루 동안 시합이 중지된 적이 있다고 한다. 그때 유럽에서 온 선수들은 제각기 나름의 방법으로 적극적인 휴식을 취했는데, 박세리 선수는 쉬는 법을 배우지 못해 이 시간 동안 어떻게 휴식해야 할지 몰라 당황했다는 기사를 본 적이 있다. 공부도 마찬가지다. 우리는 보통 무엇을 하며 쉬길 원하는지 스스로 알지 못하는 경우가 대부분이다. 이것은 좋지 않다. 적절한 휴식을 위해 자신에게 맞는 혹은 자신이 원하는 휴식 방법을 미리 알아둘 필요가 있다.

가장 큰 문제는 연애다. 짧게 이야기하겠다. 연애 자체는 큰 문제가 아니다. 문제는 시험 공부 중 없던 애인이 생기거나 반대로 있던 애인이 없어지는 것이다. 이건 시험 공부를 지속할 수 없을 만큼 큰 문제가 된다. 누구나 경험해 보았겠지만, 실연은 사람에게 '아무도 모르는 곳에 홀로 던져진 느낌'을 준다. 그리고 이런 느낌은 시간만이 해결해 줄 수 있다. 그러나 시험은 우리를 마냥 기다려주지 않는다. 시험을 앞두고 있다면 연애에서도 지혜가 필요하다.

이미 알고 있는 그 이야기가 주는 그 편안함

긴 시험 공부는 사람을 외롭게 만든다. 아무리 많은 동료들이 주위에 있더라도 이런 외로움을 떨치기는 어렵다. 동료들과 서로 힘이 되어 주기는 하지만 어차피 공부는 혼자 해야 하는 것이고 내가 가진 근본적인 불안은 오롯이 나 혼자 짊어져야 하는 것이기 때문이다. 낯선 제주도에서 학교 수업을 듣고 혼자 방으로 돌아오면, 불안과 외로움은 배가 되었다. 그래서 난 집에 오면 항상 TV를 크게 틀어 두었다. 주로 예능 프로들이었는데 TV 속 연예인들의 일상을 보면서 마치 나도 그 일상에 속해 있는 것 같은 느낌이 들어서 외로움을 덜 수 있었다. 가끔은 드라마를 보기도 했는데 나의 현실과 다른 드라마는 허탈감을 주었기에 시험 공부에는 도움이 되지 못했던 것 같다. 나는 극심한 슬럼프에 빠지면 몇 달 전에 보았던 예능 프로를 반복해서 틀어보곤 했다. 변호사 시험을 공부할 때는 사흘 동안 집에 틀어박혀 〈무한도전〉과 〈1박 2일〉만 보았던 적도 있다. 심한 슬럼프였지만 그런 '익숙한 느낌' 속에서 며칠 보내고 나면 슬럼프에서 벗어날 수 있었다.

인간이 가진 감정 중 가장 좋지 않은 감정이 '불안'이다. 불안은 인간의 부정적인 감정을 증폭시키는 역할을 하기 때문에 불안할 때 새로운 것을 시도하는 것은 좋지 않다. 불안은 또 다른 불안을 낳을 수 있기 때문이다. 같은 이유로 슬럼프에 빠졌을 때는 새로운 것을 시도하거나 새로운 드라마를 보는 것보다는 마치 소울푸드처럼 익숙한 느낌에서 위안을 찾는 것이 좋다. 어린 시절의 기억과 함께 위안을 주는 추억의 음식. 이미 알고 있는 익숙한 바로 그 맛이 주는 위안을 우리는 알고 있다. 그리고 '이미 알고 있는 그 이야기' 또한 소울푸드처럼 우리에게 위안을 주기는 마찬가지다. 내가 외로울 때 위로해 주었던 영화와 드라마, 힘들 때 힘이 되어 주었던 예능 프로들. 내가 이미 알고 있는 그 이야기들은 내가 바닥에서 힘들어할 때 다시 일어설 힘과 위안을 안겨주었다. 이처럼 나에겐 지나간 예능 프로가 소울푸드였다. 긴 시험을 앞둔 사람이라면 반드시 이런 소울푸드가 필요하다. 나에게 익숙하고 이미 알고 있는, 그래서 아무런 긴장도 필요 없는, 나에게 편안함과 행복감을 주는 그 무엇 말이다.

수집 같은 작은 취미

시험 공부를 앞두고 있다면, 작은 취미를 가지는 것도 도움이 된다. 단 이때 취미는 시간을 아낄 수 있는 것이어야 한다. 내가 추천하는 것은 수집이다.

수집이란 취미가 낯설 수도 있고, 한 번도 해보지 않은 것일 수도 있다. 그런데 수집은 인간이 가진 가장 근원적인 욕구 중 하나이며, 돈과 시간이 가장 적게 드는 취미생활이기도 하다. 나는 자전거를 모으는 취미가 있다. 물론 진짜 자전거는 아니고 모형이나 스티커, 특이한 자전거 사진 같은 것들이다. 이런 작은 수집품을 모으는 행위는 매우 짧은 시간에 심리를 환기해 준다. 마치 카페에서 우연히 외국의 어느 멋진 풍경 사진을 보고서 순간 기분이 좋아지는 것처럼 말이다.

슬럼프에 빠지게 되면 그 깊은 마음의 처짐을 그대로 느끼는 시간도 있어야 하지만, 어느 정도 시간이 지나면 빠르게 본래의 위치로 마음을 돌려놓아야 할 필요도 있다. 이처럼 마음을 돌려놓는 것이 바로 심리적 환기이다. 이를 위해서는 평소 즐기던 취미가 도움이 된다. 난 공부에서 심한 슬럼프에 빠졌을 때 자전거 모형을 찾아보며 기분 전환을 하곤 했다. 개인적으로 좋은 취미가 있으면 시간을 허비하지 않는 선에서 취미생활을 이어가길 권한다. 다만, 특별한 취미가 없다면 가볍고 돈이 별로 들지 않는 굿즈를 수집하는 취미를 추천한다.

나만의 장소 만들어 두기

심리적으로 슬럼프는 동기와 지지(支持)를 상실한 상태로 이해할 수 있다. 인간의 인내력은 유한하기에 일정한 시간 동안 지속적인 긴장과 인내가 지속되다가 인내력이 고갈되는 시점에서 심리적인 무기력에 빠질 수 있다. 바로 이때 내가 공부할 수 있도록 힘을 주는 주변의 지지가 무너지면 심리적인 슬럼프에 빠지게 되는 것이다. 한편, 이러한 동기와 지지의 상실은 극심한 심리적 위축을 동반한다. 그리고 심리적 위축은 다시 심리적 무기력으로 이어지는 악순환의 굴레에 빠지게 되는 것이다. 따라서 슬럼프에서 벗어나는 좋은 방법 중 하나는 심리적 위축에서 벗어남으로써 이런 악순환의 고리를 끊어내는 것이다.

심리적 위축에서 벗어나는 가장 좋은 방법 중 하나는 '나만의 장소'를 만들어 두는 것이다. 내가 가장 편안히 있을 수 있는 물리적 공간 말이다. 사람에 따라 좋아하는 산이 될 수도 있고, 혼자만 아는 작은 카페가 될 수도 있다. 본인이 힘들 때 혼자 쉴 수 있는 나만의 장소를 미리 만들어 두는 것. 슬럼프 극복을 위한 대비 중 하나임을 명심하자.

위안, 휴식 그리고 준비

지금까지 몇 가지 슬럼프에 대한 대책을 나열해보았다. 결국 슬럼프를 극복하는 방법은 나에게 심리적 지지(즉, 위안과 위로)를 주는 것을 찾는 것, 그리고 충분히 휴식을 취하는 것이 핵심이다. 내가 강조하는 것은 이러한 위안과 휴식을 주는 대상과 방법을 반드시 미리 만들어 두어야 한다는 것이다.

어떻게 해야 내가 위안받고 위로받을 수 있는가를 아는 것, 나에게 가장 좋은 휴식이 무엇인지 아는 것. 긴 시험 공부를 시작하기에 앞서 우선 이것부터 확실히 챙겨두도록 하자.

공부를 시작하기 어려울 때

내가 경험한 바로는 하루 중 가장 힘든 시간은 바로 공부 시작하기 직전이었다. 공부든 일이든 일단 시작하기만 하면 계속하는 데 어려움이 없는데, 시작하는 것 자체가 왜 그리 어려울까. 사실 지금도 그렇다. 재판을 준비하며 가장 어려운 것은 첫 서면을 쓰기 직전이다. 여전히 시작이 어렵다. 심리학적으로 시작이 어려운 이유는 그 전체 분량에 대한 부담감이 주 원인이라고 한다. 그래서 이런 경우에는 심리적 부담이 없는 가벼운 일과 중요한 업무를 섞어 두거나, 심리적 부담을 주는 일을 작은 여러 개의 작은 일로 쪼개면 시작이 조금 쉬워질 수 있다고 한다.

그날 해야 할 작은 일들의 개수를 억지로 늘리기

나의 경우, 하루를 시작하기 전 매일 아침 빈 종이에 그날 해야 할 일을 적어 둔다. 이때 일부러 해야 할 일들의 개수를 많이 늘려 둔다. 예를 들어 어느 날 해야 할 일이 '길고 어려운 형사사건 의견서' 쓰는 것일 때, 나는 일부러 아래처럼 하루 일과 계획을 세우곤 한다.

1. 나무에 물 주기
2. 우체국 다녀오기
3. 달리기 30분
4. 문구점에서 볼펜 사오기
5. 의뢰인 A에게 전화하기
6. 친구 B에게 안부 문자하기
7. 형사사건 의견서 쓰기

오전에 나무에 물을 주고, 우체국과 문구점을 다녀오고, 달리기까지 마치면 무려 그날 해야 할 일과의 3분의 2를 마친 것 같은 착각이 든다. 이제 해야 할 일은 세 가지뿐이다. 그리고 점심시간을 이용해서 의뢰인과 친구에게 전화하고 나면 그날 해야 할 일곱 가지 중 여섯 가지를 이미 마쳤다는 심리적 안정감을 느끼게 된다. 그리고 이쯤 되면 그 어려운 서면 쓰는 일에 대한 부담이 확 줄어든다. 그만큼 시작이 쉬워진다.

해야 할 일 쪼개기

그럼에도 의견서 쓰는 일은 쉬운 일이 아니다. 짧게는 10장 길게는 20장 가깝게 법률문서를 작성하는 것이 어디 쉬운 일일까. 이럴 때는 일을 쪼개어 한다.

1. 먼저 목차를 잡고,

2. 다음 증거를 정리하고,

3. 이어 증거에 대한 설명을 나열한다.

4. 그다음 주장별로 증거를 배열하고,

5. 각 주장의 요지를 한 줄로 정리한다.

6. 마지막으로 전체 주장을 문단별로 정리한다.

이처럼 하나의 서면 작업을 여러 개의 작은 일로 쪼개어 하나씩 하나씩 완성하는 것이다. 하나의 큰일을 작게 쪼개어 여러 개로 나누어 처리하는 것은, 어렵거나 하기 싫은 일을 시작하는 데 도움이 된다.

전날 미리 시작만 해 두기

시작하기 어려운 일을 시작하는 방법은 전날 미리 시작만 해 두는 것이다. 써야 할 형사사건 의견서 중에서 전날 미리 목차만 잡아두거나 혹은 증거만 나열해 두고 다음 날 본격적으로 의견서를 쓰면 된다. 심지어 가끔은 전날 밤 종이에다가 '의 견 서 : 변호인 이동찬' 이렇게 아홉 글자만 적어 두기도 한다.

이처럼 아무것도 아니지만, 전날 미리 시작만 해 두는 것도 다음 날 본격적인 의견서 쓰기의 심리적 부담을 크게 줄여주곤 한다.

시험 공부도 마찬가지다. 어렵고 힘든 암기나 문제 풀이 또는 듣기 싫은 동영상 강의가 있으면, 전날 밤 5분 정도만 시간을 내서 목차를 읽어 두거나 동영상 앞 5분 정도만 미리 봐두는 것도 큰 도움이 된다. 그리고 공부하는 날은 최대한 여러 가지 잔일을 만들어 두고, 그런 잔일을 먼저 빠르게 처리하고 나서 어려운 암기나 문제 풀이 또는 동영상 강의를 시작하면 공부를 시작하기 어려운 마음 상태는 상당 부분 극복할 수 있을 것이다.

공부 계획 짜는 법

믿기 힘들겠지만 나는 지금도 매일 3~4번씩 여러 가지 계획을 세우고 계획표를 짠다. 하루 일정을 계획표로 짤 때도 있지만 주간 일정, 월간 일정 심지어 5년간 일정을 계획하기도 한다. 거의 습관적으로 일정을 계획하고 종이에 적어본다. 물론 시험을 준비하면서 이렇게까지 자주 공부 계획을 짤 필요는 없을 것이다. 하지만 주기적으로 공부 계획을 짜는 것은 동기 부여에 큰 도움이 된다. 여기에서는 공부 계획을 짤 때 도움이 되는 한 가지 팁을 전달할까 한다.

계획을 짤 때는 이미 완성했거나 지나간 것도 함께 짜라!

나는 하루 계획이나 주간 계획뿐 아니라 특정 프로젝트의 진행 과정을 점검할 때도 반드시 이미 지나간 것을 포함하여 전체 계획을 적은 후, 이미 마친 일정이나 성공한 일들을 지우는 방식으로 계획을 짠다. 하루에도 서너 번씩.

예를 들어, '공부법'에 대한 책을 쓰기로 했다고 하자.

~~1. 책 제목~~

~~2. 목차 정하기~~

3. 책 내용 쓰기

4. 출판사와 출판 협의하기

5. 마케팅 회의

6. 원고 마무리하기

대강 이렇게 계획이 진행된다고 스스로 정하고, 책 제목과 목차 정하기도 계획에 넣어서 전체 계획을 쓴 후, 이미 완성한 제목과 목차 정하기는 펜으로 지우는 방식이다.

이렇게 계획을 짜는 것은 두 가지 장점이 있다.

우선 전체 과정에서 현재 내가 어느 정도까지 와 있는지 확인하는 의미가 있고, 더 나아가 상당 부분 이미 성취했기에 남은 계획을 진행하는데 동기 부여가 된다는데 또 다른 의미가 있다. 특히 공부하기 싫거나 슬럼프에 빠졌을 때 전체 일정에서 이렇게 이미 성공한 과거 일들을 적고 나서 소거해보는 것만으로도 심리적으로 크게 위안을 얻을 수 있을 것이다.

노력이라는 신화와 집중력이라는 허상

한때 인터넷에서 유명 축구선수와 발레리나의 발이라는 사진이 떠돈 적 있다. 큰 동전 같은 굳은살이 박여있는 발을 보며 그들의 성공이 저러한 노력 덕분임을 의심하지 않았었다. 그런데 아는가. 그다지 유명하지 않은 축구선수와 무명의 발레리나도 모두 그와 같은 발을 가지고 있다는 것을. 그 심한 굳은살은 그 길을 택한 사람의 숙명이고 상징일 뿐이다.

노력의 가치를 폄훼하려는 것이 결코 아니다. 다만 사람의 노력에는 한계가 있고, 일정 정도의 성취를 이룬 사람들의 노력은 어느 정도 상향 평준화 된다는 점을 지적하고 싶다. 그럼에도 우리는 여전히 남들보다 더 노력하는 것을 미덕으로 여기고, 심지어 이를 성공의 열쇠라 여기는 신화가 남아있는 것 같다. 그런데 사람의 노력이라는 것은 본인의 체력과 열정 같은 주관적 요소와 동기 같은 심리적 요소, 경제력과 주변 환경 같은 환경적 요소가 모두 작용하는 것이기에 상당히 가변적일 수밖에 없다. 심지어 최근에는 다른 사람들에 비해 특별히 더 노력할 수 있는 유전적 소인이 존재한다는 연구들도 보고되고 있다. 이런 특이한 노력 유전자는 운동선수들을 관찰하면 잘 이해할 수 있다. 운동선수들은 훈련 시간이 과할 경우 오버트레이닝으로 인해 부상이나 체력 저하가 생길 수 있으므로 훈련 시간을 제한하는 경우가 많다. 그런데 특이하게도 오버트레이닝에도 부상이나 체력 저하가 잘 나타나지 않는 경우가 있는데, 이들은 다른 선수들에 비해 과도한 훈련을 하더라도 부상이나 체력 저하가 잘 생기지 않는다고 한다. 최근에 이런 케이스에 대한 연구가 많이 진행되고는 있지만 여전히 특이하고 예외적인 경우에 불과하며 일반적이지는 않다고 한다.

인간의 노력은 개인차가 있고 한계가 있음을 반드시 알아야 한다. 오버트레이닝이 부상을 낳듯 개인의 한계를 넘어선 노력은 공부에서도 부작용을 낳을 수 있다. 지속적인 집중력 저하(brain fog)나 번 아웃(Burn out) 증상과 같이 말이다. 오버트레이닝으로 인한 부상이 체력과 무관하듯, 이런 집중력 저하와 번 아웃도 정신력과 무관하다는 점을 강조하고 싶다.

우리에게 있어 상향 평준화된 일정 수준의 노력은 반드시 필요하다. 다만 노력 자체를 가지고 경쟁하거나, 노력의 정도로 미래 성공 여부를 가늠하는 것은 매우 위험하다. 긴 시간 이어지는 시험 공부는 일정 수준의 노력과 적절한 전략, 효율적인 시간 관리 등 합리적이고 종합적인 관리가 매우 중요하다. 운동선수가 오버트레이닝을 경계해야 하듯, 공부에 있어서도 과도한 노력을 기울이는 상태가 가져올 부작용도 경계할 필요가 있다.

공부에 대한 또 다른 신화는 집중력 신화이다. 짧은 시간 고도의 집중력을 발휘하여 매우 효율적으로 공부하고 좋은 성과를 이룰 수 있다는 것인데, 이 또한 냉정하게 평가해볼 일이다. 아마도 몰입과 집중의 오해에서 비롯된 것이 아닌가 생각한다.

몰입이란 의도하지 않아도 하나에 빠져드는 현상인 반면, 집중이란 의도적으로 하나에 의식을 모으는 행위이다. 공부 중에 고도로 그 내용에 빠져 잡생각 사라진 때 우리는 흔히 '집중이 잘 되었다.'라고 표현하지만 정확하게 표현하면 그것은 '몰입이 잘 되었다'라고 해야 한다. 이러한 몰입은 우리가 의도적으로 조절하기 쉽지 않다. 몰입은 심리적 의도 없이 빠져드는 것이기에 심리적 저항이 없어야 한다. 쉽게 말해서 '억지로' 되는 게 아니란 것이다. 반면 집중은 어느 하나에 의도적으로 의식을 모으는 행위인데, 여기에는 당연히 많은 체력과 에너지가 소모된다. 따라서 사람이 하루에 집중할 수 있는 시간에는 분명 한계가 있기 마련이다.

몰입이 부정적 결과를 낳을 때, 우리는 이를 중독이라 표현한다. 무엇에 중독된 상태를 떠올려 보면, 몰입과 집중의 차이를 보다 잘 이해할 수 있을 것이다.

이렇게 말하면 '몰입이 잘되고 몰입 시간을 길게 가져가면 좋은 것 아닌가'라고 반문할 것이다. 맞는 말이다. 몰입이 잘된 상태가 제일 좋은 상태이다. 그러나 우리는 매일 정해진 시간 의도적으로 공부해야 하고, 억지로 책을 봐야 한다. 그 매 순간 의도하지 않게 이 책에 빠져들기를 기다릴 수는 없고, 대부분 우리는 의도적으로 그 내용에 의식을 모아야만 한다. 그리고 이러한 집중에는 상당한 에너지가 소모될 수밖에 없다.

간혹 고도의 집중력(사실 이건 집중이 아니라 몰입이다.)으로 남다른 성과를 이루었다는 내용을 볼 때마다, 난 '축복받은 몰입력'이란 생각이 든다. 그리고 그러한 축복을 받지 못한 나는 '제한된 집중력'을 효율적으로 사용하기 위해 시간과 에너지를 나누어 쓸 수밖에 없다는 사실을 잘 알고 있다.

결론적으로 내 생각에는 평균 이상의 노력이 성공을 보장해 주지는 못하며, 사람이 집중력을 발휘할 수 있는 시간과 범위는 매우 제한적인 것 같다. 따라서 노력과 집중력을 어떻게 이해하고 시간과 에너지를 어떻게 배분할 것인지 좋은 전략을 세우는 것, 나는 이것이 시험을 대비한 보다 합리적인 태도라 생각한다.

수험 생활에 필요한 몇 가지

1. 미리 플랜 B를 마련해 두자

'난 시험에 꼭 합격할 것이다.', '반드시 합격하고 만다.' 이런 신념은 시험 준비에 있어 꼭 필요하다. 나 역시 신념의 힘을 철석같이 믿고 있고, 만나는 사람들에게 항상 이를 강조하곤 한다. 그런데 이런 신념을 지니는 것과 조금 다른 의미에서, 시험을 준비하기에 앞서서 반드시 플랜 B를 미리 준비해 두라고 권하고 싶다.

플랜 B, 그럴싸한 말이지만 결국 시험에 떨어지거나 어떤 이유로 더는 시험 공부를 하지 못하게 될 때를 대비해 두라는 이야기이다. 수험 생활은 사람을 불안하게 한다. 그리고 불안은 사람이 가지는 부정적 감정을 증폭시키고 과장하게 만든다. 예를 들어 불안한 상태에서 실연당하게 되면 슬픔과 분노가 더욱 커지고, 그때의 두려움은 필요 이상의 공포를 가져다준다. 시험 공부도 마찬가지다. 불안은 실패의 결과를 과장하고 필요 이상으로 우리를 공포로 몰아간다. 그래서 시험 공부를 하는 우리에게도 이런 불안을 어떻게 다스릴지는 대단히 중요한 문제다.

불안은 최악의 상황을 고려하고 이에 대한 대비가 되어있을 때 통제할 수 있는 변수가 된다. 시험에 떨어졌을 때 생길 수 있는 상황과 그에 대비한 계획이 정해져 있다면 우리는 시험에 대한 불안을 줄이고, 결과에 대한 두려움 없이 공부에 매진할 수 있을 것이다.

나의 경우 로스쿨 2학년 때 심한 슬럼프가 찾아왔다. 변호사 시험에 합격하지 못할 것 같은 두려움과 불안감이 엄습했었다. 유학을 포기하고 선택한 길이기에 다시 유학 갈 수도 없었고, 대학원으로 돌아가기엔 이미 너무 늦은 나이였다. 현실적으로 변호사 시험에서 떨어지면 그동안의 모든 노력이 물거품이 될 터였다.

그때 난 나름대로 플랜 B를 만들어 두었다. 과거 필리핀 어학연수에서 아이디어를 찾았다. 시험에 떨어지면 한국에서는 딱히 할 수 있는 일이 없을 것 같았다. 그래서 '베트남이나 인도에 한국어학원을 열고 한국 유학이나 취업을 준비하는 사람들에게 한국어를 가르치는 사업을 해보자. 교사 자격이 있으니, 가능하지 않을까?' 며칠 고민 끝에 생각한 일이었다. 인터넷으로 알아보니 서울의 몇몇 대학교에 단기 한국어 강사 양성과정이 개설되어 있었고, 내가 지원 자격이 된다는 것을 확인할 수 있었다. 그래서 나는 첫 번째 변호사 시험에서 떨어지면 뒤도 돌아보지 않고 바로 한국어 강사 양성과정에 등록하리라 마음먹었다.

이 플랜 B는 나에게서 변호사 시험에 대한 두려움과 불안감을 크게 줄여주었다. 더불어 '두 번은 없다.'라는 각오가 함께했기에 뜻하지 않게 배수의 진도 되어 주었다. 시험 공부에 앞서 꼭 플랜 B를 미리 계획해 두라고 권하고 싶다. 가능한 구체적이고 실현 가능한 방법으로.

2. 휴일을 어떻게 보낼 것인가

긴 시험을 준비할 때는 휴일의 활용이 중요하다. 여유를 가지고 부족한 공부를 보충할 수도 있고, 완전히 휴식을 취하며 시간을 보낼 수도 있다.

휴일은 이중적인 면이 있다. 충분한 휴식은 스트레스와 공부에 대한 중압감을 덜어 주고 다시 달릴 수 있는 에너지를 준다. 반면에 매일 6~8시간 이상 규칙적으로 공부하다가 하루 이틀 정도 휴식을 취하고 나면, 집중력이 크게 떨어져 다시 책상에 앉는 것조차 너무 힘이 들었다. 제주도에서 공부할 때 이게 항상 딜레마였다. 힘든 날은 휴식이 큰 도움을 주었지만, 휴식이 끝나고 나면 다시 책상에 앉아 책을 읽는 게 너무 힘들었다. 마치 직장인들의 월요병에 비유할 수 있을까? 하지만 그럼에도 우리에겐 주기적인 휴식과 휴일이 꼭 필요하다. 당연하지 않겠는가. 월요병이 두렵다고 주말을 반납하고 계속 일만 할 수는 없는 법이니까. 그렇다면 이제는 월요병을 예방하는 방법을 고민할 때다.

내가 제시하는 방법은 하루 휴식을 취하기로 했다면 '오늘 오후부터 내일 오후까지' 휴식을 취하는 것이다. 나는 특별한 일이 없으면 토요일 오전까지 공부한 후, 점심을 먹고 일요일 저녁까지 휴식을 취했다. 그리고 일요일 저녁을 먹고 나면 반드시 다음 주 공부 계획을 세우고, 가벼운 동영상 강의를 30분 정도 들었다. 다가오는 월요일을 위해 미리 예열해 두는 것이다.

방학 때도 마찬가지였다. 3일의 휴가가 주어지면, 첫날 오후부터 마지막 날 오후까지 휴가를 보내고, 마지막 날 저녁은 반드시 공부 계획을 세우고 가볍고 쉬운 동영상 강의를 잠시나마 들으며 휴가를 마무리했다.

규칙적이고 주기적인 휴식은 아주 중요하다. 그리고 컨디션 관리와 슬럼프 방지를 위해 월요병을 미리미리 예방하는 것은 더욱 중요하다.

3. 정보의 정확한 이용

이번에 하는 이야기는 내가 틀린 것일 수도 있다. 그러니 이 예시는 참고만 해 주기 바란다.

흔히 점심을 먹은 후 바로 책상에 앉지 말고 빠르게 걷는 것을 추천하곤 한다. 이렇게 하면 다이어트와 활기찬 오후 업무에 도움이 된다는 것이다. 그런데 이와 반대되는 주장도 있다. 우리 몸에는 교감 신경과 부교감 신경이 있는데 이 두 신경이 주기적으로 번갈아

가며 활성화되어야 우리 몸의 균형이 유지된다는 것이다. 그리고 점심 식사를 마치고 나면 부교감 신경이 활성화될 때이므로 식후에 빠르게 움직이는 것이 좋지 않다는 주장이다. 이런 주장을 하는 사람들은 식후 빠르게 걷기보다는 잠시 낮잠을 자거나 차를 마시며 휴식을 취하라고 권한다. 전자가 칼로리와 에너지의 관점에서 우리 몸을 본 것이라면 후자는 신경과 호르몬의 관점에서 우리 몸을 본 것 같다. 나는 수년간 점심을 먹고 나면 빠르게 걷곤 했다. 그런데 후자의 주장을 듣고 나서부터는 점심을 먹고 나면 의도적으로 30분가량 차를 마시거나 움직이지 않는 습관을 들여보았다. 오후 업무에서는 큰 차이가 없는 것 같았다. 그런데 후자의 경우가 밤에 더 깊고 편안하게 잠을 잘 수 있었다. 그리고 이런 편안한 잠이 다음날 업무에 더 효율적이었기에 지금은 후자의 주장을 따르는 편이다.

우리가 접하는 특정 정보에는 반드시 그와 반대되는 정보도 함께 있기 마련이다. 따라서 공부를 할 때도 한 가지 정보에만 의존하기보다는 그와 상반되는 정보를 반드시 확인하여 각 정보의 장단점과 주장을 정확히 이해하는 것이 중요하다. 그리고 그 정보가 주는 잠재적인 특성과 나에게 필요한 부분을 정확히 이해하는 것이 중요하다. 운동, 건강, 공부법 등 모든 면에서 접하는 정보에 대하여 다소 비판적으로 검토하고 바라보려는 노력이 필요하다는 것이다.

4. 이 책을 보다 잘 활용하는 법

앞의 이야기와 이어지는 부분이다. 공자는 '한 사람에게서 모든 덕을 구하지 말라.'라는 말씀을 남기셨다. 어떤 사람도 완벽하지는 않기에 한 가지 부분에서 배울 점이 있다고 하여, 그 사람의 다른 부분까지 아무런 비판 없이 따르시는 말라는 말로 이해되었다. 난 공부법에도 이 말이 적용된다고 생각한다.

이 책에서 제시하는 공부법들을 포함해서 어떤 방법도 완전할 수는 없을 것이다. 특정 개인의 경험과 인지 구조가 다른 사람과 완전히 똑같을 수는 없기 때문이다. 따라서 이 책에서 제시한 여러 방법을 활용하되, 다음과 같이 하길 바란다. 첫째, 모든 방법을 다 따라하려 하지 말고 가장 효과적이라고 생각되는 방법부터 하나씩 해볼 것을 권한다. 하나가 익숙해지면 두 번째 것을 시도해보자.

둘째, 여기서 제시하는 방법을 자신에게 맞도록 조금씩 변형하거나 적절히 조절해나가기를 권한다. 이 책 2부에서는 각각의 공부법을 개발한 과정과 주요 원리에 대하여 가능한 한 자세히 설명해 두었다. 각 원리와 과정을 잘 이해했다면 이를 바탕으로 자신에게 맞도록 효율적으로 적용해서 활용하는 것이 그다지 어려운 일은 아닐 것이라 믿는다.

| 에필로그 |

20여 년 전, 대학 교내 서점에서 서가에 꽂혀있는 책을 훑어보다가 제목이 너무 마음에 와 닿는 책 하나가 눈에 띄었습니다. 본능적으로 그 책을 뽑아 들고서 읽기 시작했는데, 이야기가 너무 재미있었습니다. 책을 중반쯤 읽어가자 그 뒤의 내용이 마구 유추되기 시작하면서 마치 제가 쓴 것처럼 저자의 결론까지 명쾌하게 도달하는 것 아니겠습니까! 책이 너무 맘에 들어서 그 자리에서 바로 결제한 다음 집에 와서 책장을 봤는데… 이럴 수가~ 같은 책이 벌써 꽂혀있는 게 아니겠습니까. 그렇습니다. 저는 이미 6개월 전에 그 책을 사서 읽어보았던 것입니다. 어쩐지 책을 읽으면서 나도 모르게 머릿속에서 책 내용이 이어지더라니……(변명을 조금 하자면 그때는 매주 한두 권씩 책을 읽을 때였습니다).

대학교에 진학하고 나서 시간이 흐르는 동안, 제 기억력에 관한 이런저런 에피소드들이 많이 생겨서 친구들 사이에서도 항상 농담의 소재로 쓰이곤 했었습니다. 그래서 대학원에 다닐 때는 아예 첫 수업 시간에 자기소개를 할 때마다 '약간의 기억력 문제가 있으나 중요한 것은 잊어버리지 않으니 걱정하지 마시라.'라고 동료들에게 미리 말하곤 했습니다. 그러고 나서 얼마 지나고 나면 같은 수업을 듣던 동료들 얼굴이나 이름을 잊어버려, 본의 아니게 그분들이 제게 중요한 사람이 아닌 것처럼 되어버리는 일이 가끔 발생하기도 했었습니다. 다시 생각해도 참… 난감한 일이 아닐 수 없습니다.

생각해 보면 제 기억력 문제는 초등학교 때부터 있었던 것 같습니다. 그 자체로는 생활하는 데 별 어려움은 없었습니다. 다만 기억력이 학업과 관련되어 학교 성적에서 다소 부진한 면을 보였는데, 이 때문에 스스로 기억에 대해 집착하게 된 것이 문제의 시작이었던 것 같습니다. 어떻게 공부하고, 공부한 것을 어떻게 기억하는지를 배우지 못했고, 배운 것은 당연히 잊기 마련이라는 사실조차 깨닫지 못했던 상황이었기에, 학교에서 공부한 것을 오래 기억하고자 하는 의지와 스스로 인식하지 못했던 기억력 문제가 만나, 기억에 대한 심리적 강박이 되어 중학생 시절 암기에 대한 광기 어린 집착이 생겼던 것 같습니다. 그리고 그런 집착 속에서 저는 더 이상 책을 읽지도 펼치지도 못하는 심리적 강박에 갇혀 10년 가까운 시간을 보내게 되었습니다. 그때 너무 힘들었으나, 제가 겪고 있는 어려움을 자신에게도 설명할 수 없었기에 타인에게 이를 설명하고 도움을 얻을 생각은 더더욱 하지 못했던 것 같습니다. 저 스스로도 다른 사람에게도 그저 '고민 많은 사춘기 남학생'으로만 인식되었을 뿐이었습니다. 그때를 다시 떠올리면 여전히 가슴 아픕니다. 저는 아직도 열일곱 살의 저를 온전히 바라보기 힘듭니다.

스물일곱, 수능 시험을 처음 공부하고자 마음먹었을 때는 과거의 상처가 되살아나 본능적으로 두려움을 느꼈고, 동시에 '배우는 법을 배울 수 있을 것'이라는 희망과 과거의 실패를 바로잡고 싶다는 열망도 간절했습니다. 새로 수능 시험에 도전한다는 것은 미완의 나를 완성하고자 하는 시도였고, 과거의 기억을 치유하는 과정이기도 했으며, 잃어버린 구슬 주머니를 찾아가는 여정이기도 했습니다.

다행히 수능 시험은 학력고사보다 여러모로 제게 유리한 면이 많았고, 스스로 정하고 지켜낸 몇 가지 원칙들과 공부 방법으로 인해 2년간의 수험 생활 후 행복한 결과를 맞이할 수 있었습니다. 대학에 입학한 후에는 성격이 다른 여러 가지 교과목을 공부했고, 교육학 석사 과정과 로스쿨을 거쳐 변호사 시험에 합격한 후, 지금은 다시 모교에서 교육학 박사 과정에서 공부를 이어가고 있습니다. 매 순간 새로운 교과를 만났고, 새로운 도전을 반복해왔습니다.

지난 20년간 공부했던 경험으로 보면, 과목의 성격이 다르면 학문의 지식 체계가 서로 달라지곤 했습니다. 그리고 지식 체계가 다르면 지식에 접근하는 방법과 지식을 바탕으로 나아가는(연구하는) 방법도 전혀 달라지기 마련이었습니다. 시험 또한 마찬가지였습니다. 시험의 성격에 따라 준비하는 방법이 전혀 달랐고, 시험을 치는 목적에 따라 보아야 하는 교재도 매번 달라졌습니다. 그래서 매번 새롭게 적응해야 했고 항상 새로운 방법을 고민해야 했습니다. 대부분은 처음 가보는 길이었기에 먼저 지도를 그려보았고, 좋은 배와 좋은 선원을 구해 그들(그것들)의 도움도 받아야 했습니다.

'배우는 법을 배울 수 있다.'라는 명제는 제게 '모든 항해에는 반드시 항로가 있기 마련이다.'라는 믿음을 주었고, 항상 새로운 도전에서 무사히 항해를 마칠 수 있었습니다. 이 책은 제가 지나온 여러 항로에 대한 기록입니다. 제가 저만의 방법으로 대양을 지나왔다고 해서 다른 사람들 또한 같은 방법으로 그곳을 지날 수 있다고 장담할 수는 없습니다. 그러나 제가 지나온 항로와 항해법을 보여줌으로써 적어도 바다에 대한 공포는 극복할 수 있다는 것을 알리고 싶습니다. 그리고 이 책을 읽는 여러분에게 '스스로 선택한 자신의 바다에서 스스로 항로를 찾을 수 있다'는 용기와 희망을 전달하고 싶습니다. 또 알겠습니까? 아무것도 아닌 것 같은 제 지난 항로가 누군가에게는 지도가 되고 나침반이 되어 멋진 항해를 도울 수 있을지. 이것이 제가 가진 작은 욕심이자 진심 어린 바람입니다.

다시 시작한 공부

초판 1쇄 인쇄 2023년 09월 14일
초판 1쇄 발행 2023년 09월 25일
지은이 이동찬

펴낸이 김양수
책임편집 이정은
편집·디자인 안은숙
교정 김현비

펴낸곳 휴앤스토리
출판등록 제2016-000014
주소 경기도 고양시 일산서구 중앙로 1456(주엽동) 서현프라자 604호
전화 031) 906-5006
팩스 031) 906-5079
홈페이지 www.booksam.kr
블로그 http://blog.naver.com/okbook1234
포스트 http://naver.me/GOjsbqes
인스타그램 @okbook_
이메일 okbook1234@naver.com

ISBN 979-11-89254-94-0 (03190)